Louis Reignier

Französische und deutsche Handelscorrespondanz in Musterbriefen

mit erklärenden Noten und einer französischen Terminologie. Dritte Auflage

Louis Reignier

Französische und deutsche Handelscorrespondanz in Musterbriefen
mit erklärenden Noten und einer französischen Terminologie. Dritte Auflage

ISBN/EAN: 9783743698338

Hergestellt in Europa, USA, Kanada, Australien, Japan

Cover: Foto ©Suzi / pixelio.de

Weitere Bücher finden Sie auf **www.hansebooks.com**

Louis Reignier's

französische und deutsche

Handelscorrespondenz

in

Musterbriefen

mit erklärenden Noten und einer französischen Terminologie

für

Schulen und zum Privatgebrauch.

Dritte Auflage,

neu bearbeitet und mit Zusätzen vermehrt

von

Philipp Zeh,

Lehrer der französischen, italienischen und spanischen Sprache.

Nürnberg.

Verlag von J. L. Lotzbeck.

Vorwort.

Wir übergeben hiermit dem angehenden Kaufmanne zum Studium und dem Correspondenten zur Richtschnur unsere neu bearbeitete und vermehrte Briefsammlung, welche das Gute vor vielen ähnlichen Werken darin voraus hat, dass dieselbe im Anhange mit einer gewählten mercantilen Wörtersammlung bereichert ist.

Unsere vielfach interessanten Marktberichte, eigentlicher Typus der kaufmännischen Correspondenz, können wir nicht genug der besonderen Aufmerksamkeit der Lernenden anempfehlen.

Richtig benützt, unter Anleitung eines guten Lehrers, wird vorliegende Arbeit zu einem bündigen, klaren und correcten Styl sicherlich führen, was wir als eine Befriedigung für angewandte Sorgfalt betrachten werden.

Inhalt.

Nouvel établissement.

1.

Nous avons l'honneur de vous annoncer que nous venons d'établir [1]) sur cette place une maison de commerce, en nom collectif [2]) sous la raison sociale [3]) de

Durand et Bonnet,

dont nous vous prions de prendre note, ainsi que de nos signatures respectives. [4])

La réputation de négociant loyal dont vous jouissez, Monsieur, nous a engagé à vous faire part de notre association [5]), et nous souhaitons qu'elle vous inspire autant de confiance que vous nous inspirez; si nos désirs sont satisfaits, nous espérons avoir avec vous des rélations [6]), dont nous ne pourrons que nous féliciter.

Notre principale branche de commerce est la banque et les matières d'or et d'argent [7]), nous faisons au surplus la commission. [8])

En vous offrant nos dévoués services, nous avons l'honneur de vous saluer.

Durand et Bonnet.

Signature du Sieur P. Durand . . . .
Signature du Sieur F. Bonnet . . . .

---

[1]) errichten. [2]) unter gemeinschaftlichem Namen. [3]) Handlungsfirma. [4]) gegenseitige Unterschriften. [5]) Handelsgesellschaft, Societät. [6]) Verbindungen. [7]) Gold- und Silber-Münzen. [8]) Commissionsgeschäfte.

Dissolution d'une société.

1.

Nous avons l'honneur de vous informer que d'un commun accord [1]) notre société se trouve dissoute [2]) à dater de ce jour.

Mr. Dépont s'étant chargé [3]) de la liquidation [4]) des affaires ainsi que de toutes les dettes actives et passives [5]), vous voudrez bien vous adresser à lui seul pour le réglement [6]) des comptes ouverts.

Nous vous remercions de la confiance que vous avez bien voulu nous accorder jusqu' ici, et vous prions de la transférer [7]) à chacun de nous en particulier, lorsque nous serons dans le cas de recourir à votre officieux ministère, [8]) dans notre nouvelle position.

Agréez, en attendant, l'assurance de notre considération très-distinguée.

[1]) gemeinschaftliches Einverständniß. [2]) aufgelöst. [3]) übernommen. [4]) Liquidirung. [5]) Activ- und Passivschulden. [6]) Regulirung, Abmachung. [7]) übertragen. [8]) gefällige Dienstleistungen.

Lettre de recommandation.

2.

Monsieur Louis Frimont, de la maison Frimont frères de Marseille, aura l'avantage de vous remettre [1]) la présente lettre. J'ose vous le recommander, Messieurs, de la manière la plus pressante [2]) et la plus particulière. Cet ami se rendra dans votre ville, où l'appellent [3]) les affaires de son commerce; en lui rendant tous les services [4]) qui dépendront [5]) de vous, Messieurs, croyez que c'est m'obliger moi-même, et que j'en conserverai la même obligation; heureux si les circonstances me permettent un jour de vous rendre le réciproque [6]) en pareille occasion, et de vous donner en toute autre des preuves de mon entier dévouement.

Agréez d'avance mes remerciments pour tout ce que vous voudrez faire pour mon recommandé [7]) et mes salutations affectueuses.

[1]) übergeben. [2]) aufs angelegentlichste. [3]) wohin . . rufen. [4]) Dienste leisten. [5]) abhängen. [6]) Gegen-Gefälligkeiten. [7]) Empfohlenen.

Lettre de recommandation et de crédit.

4.

Cette lettre vous sera remise par Monsieur W. Borel à qui nous vous prions de compter sur sa réquisition [1]), la valeur [2]) de quatre cents livres sterl. au change du jour [3]) sur Londres, sans déduire [4]) de ce paiement d'autres frais que votre provision et ports de lettres, puisque nous prenons ici les nôtres.

Mr. Borel est le fils d'une très-bonne famille de cette ville, et d'un caractère le plus doux et le plus aimable. Nous aimons à croire, que vous nous saurez bon gré, de vous avoir procuré la connaissance de ce jeune homme, qui jouit, au reste, de notre plus tendre attachement. En un mot, c'est obliger nous-mêmes, et très-sensiblement, en l'admettant [5]) dans vos brillantes soirées qui respirent tant la sagesse que la gaîté.

Recevez l'assurance de notre parfaite considération.

[1]) Verlangen. [2]) Werth, Valuta. [3]) zum Tagescours. [4]) abziehen. [5]) aufnehmen.

Lettre de crédit.

5.

Gautier frères à Genève.
Pascou fils et C. à Marseille.
M. Caron à Paris.

Nous avons l'honneur d'accréditer auprès de vous Messieurs, le comte de Raspille, pour la somme de quatre mille francs, que nous vous prions de lui compter au fur et à mésure de ses demandes, déduction faite de vos frais; vous voudrez bien noter vos paiements au revers [1]) de la présente, nous en remettre les quittances et nous indiquer par vos lettres d'avis le moyen que vous aurez choisi pour vous rembourser sur nous.

Nous vous serons bien reconnaissants de toutes les attentions particulières que vous voudrez bien avoir pour notre recommandé.

Nous serions heureux de pouvoir vous être utiles, à notre tour et vous prions, en attendant, d'agréer nos civilités empressées.

[1]) auf die Rückseite.

Offre de services.

6.

Je dois l'honneur de votre connaissance à mon ami particulier Mr. Nodier, qui m'a fait le plaisir de m'adresser votre fils auquel j'ai proposé les agréments [1]) qui étaient en mon pouvoir de lui offrir, mais dont son court séjour dans notre ville n'a pu lui permettre d'en profiter.

Ayant un vif désir d'être compté parmi vos correspondants, il me semble que vous pourrez m'adresser les accreditives [2]) que vous êtes appelé [3]) à fournir à vos Seigneurs qui voyagent dans notre pays.

Espérant que vous trouverez à utiliser mon ministère [4]) après avoir pris les informations d'usage [5]), je vous soumets [6]) la cote [7]) exacte de nos changes [8]) et vous prie d'agréer mes salutations les plus affectueuses.

[1]) Annehmlichkeiten. [2]) Accrebitive, Crebitbriefe. [3]) berufen. [4]) Dienſte benützen. [5]) die üblichen Erkundigungen. [6]) übergeben. [7]) Notirung. [8]) Courſe.

Offre de services.

7.

Nos vendanges ont donné une nouvelle infusion d'activité à nos affaires, et par suite un facil écoulement de nos productions locales. Sous ces doubles rapports, nous venons vous offrir notre intermédiaire [1]) pour soutenir et provoquer vos achats, à faire dans nos contrées.

Comme nous apprenons que plusieurs de vos navires se rendront cet hiver à Marseille, dans l'intention d'y prendre charge [2]), ou de chercher de l'emploi [3]), nous serions charmés qu'il pût vous convenir, de donner notre adresse à vos capitaines, à qui nous sommes à même de procurer de bons affrétements [4]) aussi bien que toute autre bonne maison d'ici.

Nous flattant que vous voudrez bien agréer le dévouement de nos services, nous avons l'honneur de vous saluer.

[1]) Vermittelung. [2]) Labungen einzunehmen. [3]) Verwendung. [4]) Befrachtungen zu ſuchen.

Offre de services.

8.

Nous nous référons à la circulaire d'autre part, et prenons la liberté de vous écrire sous les auspices [1]) de W. Aubert de qui nous tenons votre adresse en vous présentant ²) tout particulièrement nos dévoués services pour l'achat de draps dont vous pourrez avoir besoin.

A côté ³) d'Aix la Chapelle, Eupen et Montjoie, villes manufacturières de Prusse, au centre de riches fabriques de Bélgique; en rélation continuelle avec la majeure partie de négociants de pays, nous sommes à même plus que personne de mettre de la célérité ⁴) dans l'assortiment et l'expédition des marchandises, et nos connaissances dans la partie ⁵) nous font flatter, que d'autres ne pourront pas empletter avec plus d'avantage que nous.

Nous nous bornons scrupuleusement à 2 °/₀ de commission, nette ⁶) de frais d'emballage et port de lettres, mais nos commettants doivent nous couvrir d'avance de fonds en nous faisant passer leurs ordres, ou nous ouvrir un crédit limité sur des maisons connues à Francfort, Paris ou Amsterdam.

Nous désirons, qu'il puisse vous convenir, de faire un essai avec nous, persuadés, que nous nous rendrons dignes de la confiance que nous réclamons. Toutes les premières maisons du pays sont à même de vous donner sur notre compte de tels renseignements que vous puissiez désirer leur demander.

Constamment à vos ordres, nous vous présentons, Monsieur, nos salutations cordiales.

¹) Empfehlung. ²) anbieten. ³) in der Nähe. ⁴) beschleunigen. ⁵) in diesem Handel. ⁶) frei.

***

Offre d'un jeune négociant.

◐.

Vous avez chargé mon frère de m'écrire pour me faire part de l'intention où vous êtes de m'employer dans vos bureaux. ¹) Je reçois à l'instant cet avis qui m'a été d'autant plus agréable que j'ai le désir le plus ardent de me réunir à ma famille.

Quelles que soient les propositions que vous daignerez me faire, nous serons toujours d'accord et vous pouvez compter d'avance sur mon entier dévouement.

Encore au berceau ²) pour ce qui est des affaires de commerce, je ne vous rendrai pas d'abord de grands services, mais mon zêle suppléera à mon insuffisance. ³) Mes connaissances se bornent aux changes étrangers ⁴) et à savoir tenir les livres en parties doubles ⁵); quant à la correspondance je ne doute pas qu'elle ne me soit bientôt familière sous un maître tel que vous.

Je profite de cette occasion pour vous offrir à ce renouvellement d'année ⁶) l'hommage des voeux que je forme pour votre bonheur; j'apprécie trop la tendre amitié que vous me portez, pour ne pas être un de ceux qui désirent le plus ardemment tout ce qui peut tendre à votre félicité, et je me croirai heureux, si vous pouviez être persuadé de la sincérité de mes souhaits.

J'ai l'honneur d'être avec les sentiments les plus affectueux.

¹) Comptoir. ²) in der Wiege. ³) das Fehlende ersetzen. ⁴) fremde Course. ⁵) doppelte Buchhaltung führen. ⁶) Jahreswechsel.

Affaires de banque. — Réglement de comptes etc.

Renvoi d'un effet.

10.

Ainsi que vous le désirez, nous vous retournons, à notre décharge ¹), l'effet sur Duhamel, qui parait très-irrité de la retenue ²) de sa marchandise, et à moins d'y

faire main levée ³), il ne faut pas se flatter d'aucun versement ⁴) de sa part. Voyez comment débrouiller ⁵) l'affaire
avec lui; nous serions d'avis de lui accorder l'atermoiement ⁶) qu'il vous demande. Vos dévoués.

¹) Entlastung. ²) Zurückhaltung. ³) sie frei zu geben. ⁴) Zahlung.
⁵) ordnen, schlichten. ⁶) Zahlungsfrist.

Réception d'une remise — Réflection sur les papiers.
11.

Nous vous accusons réception de votre missive du 3
courant, de laquelle nous retirons ¹) un effet de Fr. 700 sur
Gresset, dont conformément à votre avis, nous soignerons
l'encaissement ²) au crédit de nos amis communs Mrs.
frères Hinot à Lyon.

Toujours même inaction ³) dans les négociations. La
cote n'a pas varié. L'agio sur l'or est un peu plus faible.
Les variations survenues ⁴) dans les cours sont la baisse ⁵)
du Londres, de l'Espagne, du Gênes et du Portugal, et la
hausse ⁶) de l'Amsterdam.

¹) woraus wir . . . nehmen. ²) Incasso. ³) Unthätigkeit. ⁴) erfolgten.
⁵) das Sinken. ⁶) das Steigen.

Annonce d'une traite — Bulletin de changes.
12.

D'ordre et pour compte de Mr. Amet de Rouen, je
viens de fournir ¹) sur vous:

Fr. 1200. — à 3 mois de date, à mon ordre.

Veuillez bien en prendre note ²) pour y faire honneur ³) au débit de cet ami, qui n'aura pas manqué de
m'ouvrir un crédit ⁴) chez vous.

Vous trouverez annexé ⁵) à la présente le bulletin
raisonné de nos changes. Je serais charmé qu'il donnât

lieu à l'ouverture de quelques opérations avec moi dans le courant de cette année.

¹) ziehen. ²) Anmerkung nehmen. ³) einlösen, honoriren, alle Ehre widerfahren laſſen ⁴) einen Credit eröffnen. ⁵) beigefügt.

Remise — Billet acquitté — Refus de crédit.

12.

J'ai l'honneur de vous remettre par la présente :

Frcs. 1500. — sur Fournier à Paris,

dont crédit après rentrée ¹) ou renvoi sans frais, s'il y avait lieu à protêt, voulant éviter l'amende ²) aux tireurs.

Voici acquitté le billet de Glotin, de fr. 2000. — valeur au 20, laquelle somme j'appliquerai ³) au paiement de votre traite sur moi de fr. 2200. échéant ⁴) le 30 de ce mois.

Je dois vous réitérer, que je ne puis consentir à me départir ⁵) du principe, de ne rien accepter en blanc. ⁶)

¹) Eingang. ²) Geldstrafe (weil der Effect nicht geſtempelt war). ³) verwenden. ⁴) fällig. ⁵) abgehen. ⁶) in Blanco (ohne Deckung.)

Recouvrement — Remise — Papiers.

14.

J'ai reçu vos lettres des 11 et 18 courant. La première ne veut pas de réponse ; de la seconde j'ai retiré votre remise de fr. 1600, dont j'ai opéré le recouvrement. ¹)

Je vous remets à mon tour ²) :

Fr. 3000. sur Soulier à Lyon,

que je vous prie de colloquer ³) pour le mieux possible, et de convertir ⁴) le produit en florins courants sur Auguste.

Le Londres ne s'est pas réchauffé. ⁵) l'Amsterdam et

le Hambourg sont aussi très-froids. [6]) On a payé cher les premières valeurs sur Petersbourg, on en a obtenu celles de commerce d'un pour cent au-dessous. Le cours de fr. 80 pour la rente $3\frac{1}{4}$ % est difficile à franchir [7]), et chaque fois qu'on y arrive, des ventes assez nombreuses font aussitôt fléchir [8]) la rente. L'aspect de la bourse était un peu à la baisse [9]), cependant les affaires ont été si minimes qu'on n'en peut rien conclure. [10]).

[1]) ben Gingang beforgte. [2]) meiner Seite. [3]) placiren. [4]) verwenben.
[5]) wieber erhalten. [6]) flau, matt. [7]) überschreiten. [8]) weichen.
[9]) gebrückt. [10]) folgern.

Traite — Couverture — Papiers.
15.

Par votre circulaire du 1. janvier, vous me faites part de la société que vous venez de former. [1]) Je souhaite que son cours soit marqué par les affaires les plus prospères.

Profitant de vos offres gracieuses, j'ai fait traite [2]) sur vous, à mon ordre, de Fr. 1200. fin du prochain.

Pour vous remplir [3]), je vous remets ci-inclus:

Fr. 1200. — au 30 courant, sur Monet à Lyon, dont vous voudrez bien créditer [4]) mon compte.

La spéculation a repris beaucoup d'activité [5]) sur les actions des chemins de fer, qui viennent cependant baisser [6]) dans une proportion . assez remarquable. Il semblerait qu'on commence à reconnaître que l'engouement [7]) de la nouveauté et du jeu a donné à toutes ces actions une valeur imaginaire. [8])

[1]) errichten. [2]) ziehen, abgeben. [3]) becken. [4]) erkennen, gutschreiben, crebitiren. [5]) an Thätigkeit gewinnen. [6]) fallen, sinken. [7]) Glaubeit.
[8]) eingebilbeter Werth.

Retour d'un effet sans protêt.

16.

Par votre lettre du 19 écoulé vous me retournez, faute de paiement [1]), mais sans protêt qui le constate [2]), ma remise de fr. 800 sur Marseille.

Comme votre traite n'est pas un mandat simple et que je l'ai fait enrégistrer pour timbre [3]) afin qu'on puisse faire lever protêt [4]) en cas de non-paiement, je ne puis vous en décharger que lorsque mon cédant [5]) Mr. Grenier de Lyon aura rempli le nécessaire vis-à-vis de moi-même, en approuvant ce renvoi [6]) sans les formalités exigibles. [7]) J'aurai soin de vous en donner avis.

Agréez, Monsieur, l'assurance de mon sincère dévouement.

[1]) Mangel-Zahlung. [2]) beläſtigt. [3]) zur Stempelung einſchreiben ließ. [4]) Proteſt erheben. [5]) Cedent. [6]) Rückſendung. [7]) erforderlichen Formalitäten.

Information sur la validité d'un crédit.

17.

Par continuation [1]) privé de vos lettres, la présente n'a d'autre motif que de m'informer si j'ai été accrédité près de vous par la maison Lafond de Paris, de laquelle je tiens une commission de 150 balles de café valant [2]) à peu près dix mille francs, dont je dois me rembourser sur vous à 100 jours de date. N'ayant point encore entamé [3]) des affaires avec ce correspondant, il m'importe d'être préablement fixé [4]) sur le bon accueil de mon tirage avant de m'occuper de l'exécution de cet ordre.

Il n'y a pas là de méfiance de ma part, mais c'est une conséquence de principes, que j'ai établis dans mon commerce.

[1]) fortwährend. [2]) an Werth. [3]) eingeleitet. [4]) unterrichtet.

Remise en retard — Valeurs.

18.

Nous venons de recevoir votre lettre du 10 du courant, par laquelle vous nous remettez pour compte de Mr. Guillaume Aubert à Vienne:

Fr. 1000 au 30. avril ⎫
  » 1800 au 25. mai ⎬ sur Dumas & Comp. à Paris.

Fr. 2800. dont nous soignerons le nécessaire pour en créditer le dit ami à la rentrée. [1]). Comme ces effets ne pourront arriver à Paris qu'après l'échéance [2]), nous ne serons dans aucun cas responsables du défaut de diligence [3]), s'ils venaient à être protestés.

S'il vous tombe [4]) quelques bonnes valeurs sur le midi à courte échéance [5]), nous les recevrons avec plaisir, à condition que ce soit au pair.

Agréez, Monsieur, nos civilités empressées.

[1]) nach Eingang. [2]) Verfallzeit. [3]) bei Versäumniß. [4]) eingehen, zukommen. [5]) kurze Verfallzeit.

Réglement d'un compte courant.

19.

J'ai l'honneur de vous remettre aujourd'hui l'extrait de votre compte courant réglé au 30 de ce mois, par un solde en me faveur de fr. 2500. dont il vous plaira me créditer à nouveau, si vous n'y trouvez pas d'erreurs.

Je serai toujours à vos ordres, lorsqu'il pourra vous convenir de m'adresser quelques affaires, auxquelles je donnerai tous les soins que vous êtes en droit d'attendre.

Les jours de fête et les glaces ont resserré [1]) les affaires sur la place; elles ne renaîtront dans tout leur éclat [2]) qu'à l'approche du mois d'avril.

Je vous soumets ma cote ³), et vous présente mes salutations bien cordiales.

¹) befdyränft. ²) gangen Auebehnung. ³) Coursblatt.

Bien-être d'un compte — Voeux.
20.

L'extrait du compte courant, que m'a apporté votre lettre du 16, ayant été reconnu exact, vous avez été crédité à nouveau de fr. 1600. pour solde.

J'omettais de vous dire d'abord, que je notais avec remerciments, à votre crédit, le mandat de Mr. Darlier, qui se trouve compris dans les items du compte ¹) mentionné.

Veuillez agréer la réciprocité de mes voeux ²) pour votre bonheur à l'occasion de cette nouvelle année ³) et l'assurance de mes meilleurs sentiments pour vous.

¹) Rechnungsposten. ²) gegenfeitige Wünfche. ³) Jahreswechfel.

Expression de remerciments.
21.

Permettez-moi de vous exprimer ma reconnaissance de tout ce que vous avez fait pour faciliter la marche de mes opérations à Paris.

Veuillez aussi recevoir mes excuses des importunités ¹) de mes références continuelles en considérant tout le plaisir et l'utilité que devait y trouver Mr. Ouvrard, que vous honorez de votre appui ²), et qui reste profondément touché de vos bonnes dispositions à son égard.

Je serais heureux de pouvoir, à mon tour, vous être utile et agréable dans nos contrées. Soyez convaincu que ce serait un plaisir pour moi de vous en donner des preuves.

Recevez, Monsieur, l'assurance de ma plus haute estime.

¹) Bemühungen. ²) Wohlwollen.

Envoi d'un procuration.

22.

Le renvoi de notre remise sur Lepeiller nous a surpris, et nous sommes tentés à le déférer en justice. ¹) Nous lui avions accordé un crédit de six mois, et il n'en est pas content. C'est chicaner, à moins qu'il ne soit gêné dans ses affaires. Voici une procuration en blanc ²) qui donne plein pouvoir d'agir suivant les circonstances. Veuillez en faire l'usage réquis.

¹) vor Gericht belangen. ²) Blanquet (zu einer Vollmacht).

Envoi de Secondes de change.

23.

En réponse à votre lettre du 4 du courant, je passe sous silence ¹) les objets de comptabilité ²) sur lesquels nous sommes d'accord. ³)

Aujourd'hui, j'ai l'honneur de vous remettre deux Secondes ⁴) de

Frcs. 1000 à 2 mois de date, dans Paris,
» 600 sur Pirot, à Cette.
Frcs. 1600 dont les tirés (ou mandataires) ⁵) doivent

vous faire passer les Premières [6]) acceptées et domiciliées [7]), afin que vous les négociez [8]) à mon crédit.

Je vous salue très-sincèrement.

[1]) mit Stillſchweigen übergehen. [2]) Rechnungspoſten. [3]) womit wir einverſtanden ſinb. [4]) Secunbabriefe. [5]) bie Bezogenen. [6]) bie Prima (Wechſel). [7]) bomicilirt. [8]) placiren, begeben.

Quittance — Provision de banque — Acceptations.

24.

Nous n'avons point de vos lettres à répondre. Voici une quittance de votre accrédité [1]) Mr. Dubois pour florins 386, solde de son crédit. Veuillez nous en faire le retour [2]) sur Paris au mieux possible.

Quant à la commission de banque, nous ne la fixons jamais au-dessus d'un demi pour cent, comme c'est aussi l'usage de toutes les maisons d'ordre [3]) de notre place.

Nous accepterons avec plaisir les traites qui auront rapport à des consignations, afin de donner les facilités d'usage sur les envois qui pourront nous être adressés par nos amis.

En nous référant au bulletin de nos changes, nous avons l'honneur de vous saluer sincèrement.

[1]) Accrebitirten. [2]) bie Dedung bafür. [3]) ſolibe Häuſer.

Renvoi d'un effet — Note de frais.

25.

Etant d'accord sur le contenu de votre lettre du 3 courant, je le passe sous silence.

La présente vous porte en retour:

Fr. 3000. — sur Lepeiller,

veuillez en décharger mon compte. Votre débiteur n'est pas mauvais, ainsi avant d'en venir à des voies de droit [1]), je serais d'avis d'accepter un à compte, et de lui accorder terme et délai pour le restant.

Je vous débite de fr. 106. — pour votre quote-part [2]) aux frais des 50 balles de coton. Cet article marche maintenant de pair [3]) avec les laines.

[1]) gerichtlichen Weg. [2]) Quote. [3]) hält gleichen Schritt.

Mandat — Incluse.

26.

Nous vous retournons sous ce pli [1]) impayé [2]) votre mandat [3]) de

frcs. 1000. — sur Duprès,

qui a refusé de l'acquitter [4]). Vous voudrez bien détourner [5]) cette somme de notre débit et agréer nos sincères salutations.

P. S.

Nous vous y ajoutons un pli [6]), que nous vous prions de faire tenir à Mr. Méchand de votre ville.

[1]) in der Anlage, anliegend, beigeschlossen. [2]) unbezahlt. [3]) Anweisung. [4]) einlösen, abführen. [5]) abschreiben. [6]) Briefchen.

Virement de banque. [1])

27.

Dans votre lettre du 16 courant se trouve l'extrait de mon compte et de celui de Mr. Dumont chez vous, dont les montants réunis forment un solde de fr. 2500 — en votre faveur, et que j'ai passé de conformité à votre crédit;

bien persuadé d'ailleurs que celui relatif à mon beau frère aux éléments duquel je suis étranger, est exact.

Le silence de cet ami n'a d'autre cause que son déplacement [2]) fréquent, et le peu d'occasion que lui ont fourni les circonstances de suivre ses bons rapports avec vous, ainsi comme moi il y attache trop de prix pour ne pas les ressaisir [3]) avec empressement dès qu'il y verra jour, et j'espère que mes voeux à ce sujet pourront bientôt se réaliser. Il restera entièrement à votre convenance de disposer sur moi pour le solde précidé ou bien de le laisser courir pour le fondre [4]) dans les items de nos transactions futures.

Nous sommes aussi dans la saison morte pour les affaires, mais bientôt elles gagneront un caractère plus actif. Je désire que l'année prochaine nous permette d'agrandir le cercle de nos opérations réciproques.

[1]) Banf=Abrechnungen. [2]) Entfernung. [3]) wieder aufzunehmen. [4]) verschmelzen.

Révision d'un compte.

28.

Je venais de vous écrire le 14 de ce mois, lorsque j'ai été favorisé de votre lettre du 12, couvrant un apperçu [1]) de situation entre nous. En relisant votre correspondance et cette pièce à la main, j'ai reconnu quelques contradictions [2]) entre l'une et l'autre, et dès lors j'attendais pour être exactement fixé sur les divers items de finances qui y sont relatés, que vous m'ayez fait passer [3]) un extrait plus détaillé de mon compte courant.

C'est bien à mon regret que vous avez éprouvé quelques retards dans vos remboursements, frustré [4]) que j'ai été dans mes bonnes intentions pour vous éviter tout sujet de mécontentement à cet égard, vous devez en être convaincu et n'en rejetter la cause que sur mon erreur et des empêchements, que je n'avais pas soupçonnés.

Les opérations de Béziers étant sur le point de finir, vous allez être par suite débarrassé [5]) de cette continuité de paiements qui vous fatiguaient, et je n'acheverai pas sans vous réitérer mes remerciments d'avoir montré une si gracieuse déférence [6]) au soutient de mes voeux. Il me serait très-agréable au sujet du solde que je vous suis encore redevable, que vous trouvassiez votre remboursement sur moi, et j'espère que vous y serez parvenu; si cela était impraticable, toutefois, d'après les tentatives [7]) que vous auriez faites, je ne puis que vous autoriser à fournir encore sur Mr. Grammont à Paris, qui fera le meilleur accueil à vos traites pour mon compte.

Je vous prie de recevoir, Monsieur, mes salutations bien sincères.

[1]) Ueberblick. [2]) Abweichungen. [3]) zukommen laffen. [4]) irre geführt.
[5]) verfchont. [6]) Beachtung. [7]) Verfuche.

Cours de papiers.

29.

Votre lettre du 5 est en nos mains. Nous devons vous déconseiller de toute opération cambiste [1]) en ce moment, parce que tous les effets, et notamment ceux sur l'étranger se trouvent dans la plus grande mollesse. [2]) Cette prétendue hausse de Hambourg n'est que factice [3]), car on ne toucherait pas un sous sur cette devise au taux [4]) qu'elle est cotée aujourd'hui. Au surplus, les places d'Allemagne n'ont aucune demande, l'Italie seule tourne passablement à compte. [5]) Du reste, il est en opposition de nos principes d'offrir notre ducroire à qui que ce fût, surtout quand les affaires sont si difficiles à traiter. [6])

Les actions du chemin de fer de Bordeaux à la Teste ont obtenu une prime de 125 fr. Nous croyons volontiers à la faveur soutenue de cette voie qui vient de faciliter les rapports jusqu' ici assez difficiles de deux points liés par de nombreux intérêts commerciaux.

Les affaires sur les bateaux à vapeur sont toujours assez limitées [7]), et si quelque élan de faveur [8]) a lieu sur quelques-unes de ces entreprises il ne dure pas longtemps.

[1]) Wechſelcperation. [2]) Glaußeit. [3]) erkünſtelt. [4]) Cours. [5]) gibt noch einigen Nußen. [6]) abſchließen. [7]) beſchränkt. [8]) günſtige Ausfälle.

Objets de finances.

30.

Vous aurez vu par notre dernière du 20, que nous ne marchions pas d'accord [1]) sur les articles de finance [2]) en vous invitant à nous remettre un état détaillé de situation. [3])

Nous avons retiré [4]) des plis de votre lettre du 14, un petit effet de

fr. 166. — sur la ville,

pour lequel nous vous reconnaissons sur votre' nouvel avoir.

Nous vous remettons ci-joint:

Flor. cour. 1000	sur Vanbeck d'Amsterdam, au 30 du
» » 800	prochain,
Flor. cour. 1800	dont vous voudrez soigner la rentrée à

notre crédit. Nous desirons que vous nous en fassiez les retours [5]) en papier long sur Hambourg avec votre ducroire. [6])

Si vous ne pouvez absolument placer davantage sur

2*

nous, ce que nous aurions préféré, nous vous avons ouvert par notre susdite la porte de Paris.

¹) übereinstimmten. ²) Rechnungsposten. ³) detaillirte Rechnungs-Aufstellung. ⁴) Guthaben. ⁵) Gegenanschaffung. ⁶) Delcredere (Bürgschaft).

Tirage — Lenteur dans le paiement.

81.

J'ai sous les yeux votre lettre du 10, et je suis fort surpris que vous ayez lancé ¹) une nouvelle traite sur moi, sachant que votre crédit se trouve déjà épuisé, et même dépassé ³) de plus de dix mille francs. Pour pallier ⁴) vos torts, vous entrez en vagues promesses, dont vous m'avez déjà si copieusement régalé.

C'est un fait, que vos finances se trouvent en déroute ⁵), mais je n'ai aucune envie de les relever ⁶), ayant besoin moi-même d'être soulagé. J'ai donc pris le parti de fournir aujourd'hui sur vous:

Fr. 6000, au 30 courant } à mon ordre,
➤ 4000, au 15 mai
Fr. 10000, que je recommande à votre protection.

Ces paiements faits, il vous reste encore une longue échelle ⁷) à parcourir pour arriver au niveau ⁸) de mes avances, et il m'importe que vous alliez les remplir le plus vite que possible.

Dans cette attente, j'ai l'honneur de vous saluer.

¹) abgegeben. ²) erschöpft. ³) überschritten. ⁴) bemänteln. ⁵) zerrüttet. ⁶) heben. ⁷) Maßstab. ⁸) auszugleichen.

Epuisement d'une accréditive.

22.

Nous référant à notre lettre du 6, nous venons de faire le dernier versement [1]) de fr. 1500. — sur le crédit de ces fr. 18000. — que vous avez ouverts sur nous à Mr. Dumas. Cet honorable ami va s'embarquer pour Newyork à bord du bateau à vapeur, la belle Emilie, et nous l'accompagnons de nos meilleurs voeux pour son heureux voyage.

Nos anticipations de caisse portent maintenant le chiffre v i n g t m i l l e f r a n c s, une somme assez majeure en temps de guerre, dont notre pauvre pays est affligé. Nous devons donc vous mettre à coeur d'y apporter remède par de bonnes remises.

La prudence commande impérieusement de battre en retraite de tout ce qui concerne les affaires en déhors [3]); déjà avons-nous rappelé nos voyageurs en attendant que l'orage sanglant ait disparu. Nous sommes plus ou moins aux abois [4]) de nos fortunes, puisque nous courrons risque que nos papiers ne présenteront bientôt que des valeurs imaginaires, tellement est endettée l'Europe entière. Nous vous saluons de coeur.

[1]) Zahlung. [2]) fich zurückziehen. [3]) auswärtigen Geschäften. [4]) in einem verzweifelnden Zustand.

Traittes en souffrance.

23.

Répondant à votre lettre du 4, il me semble que vous auriez pu prendre vos mesures pour que vos traites fussent payées, soit directement en faisant des fonds aux mandataires [1]), soit par intervention. Indépendemment de la perte considérable que ces retours doivent vous occasionner, ils produisent aussi le plus mauvais effet et portent toujours atteinte au crédit d'une maison. Malheureusement vous vous trouvez souvent dans ce cas, dernièrement encore vos traites de fr. 5000 et 4000 sur Bismar & Comp. de Lyon, ont été sur le point de rester en souffrance, car les mandataires ne se sont décidés à payer qu'au moment qu'on levait le protêt.

Je sais bien que ce n'est pas votre faute si la première n'est point encore arrivée, mais vous avez indiqué un besoin qui n'a point été respecté et la réponse en a été consignée ²) dans le protêt.

Quelles que soient les causes qui ont produit une certaine déroute ³) dans vos affaires, il est un fait incontestable que vous avez témoigné trop de confiance à vos amis du Nord; ce pays qui a tant souffert par les guerres, aurait dû, avec raison, vous inspirer une certaine méfiance, même envers les meilleures maisons, mais vous vous y êtes livré à corps perdu ⁴), et c'est maintenant moi qui dois supporter tout le poids de vos imprudences.

Vous n'ignorez pas que rien ne nuit plus au crédit d'une maison que de voir beaucoup de ses acceptations quand la prudence commande de n'en donner aucune. Et cependant vous ne cessez de tirer à boulets rouges ⁵) sur moi. Encore hier on me présenta un de vos mandats de fr. 600. que j'ai refusé d'accepter. J'en ai fait de même des fr. 2000. que Dupré de Bordeaux a fourni sur moi pour v/c. Votre crédit se trouve déjà outrepassé de fr. 16,000 environ, comment pouviez — vous vous flatter que j'allasse l'augmenter encore? —

J'ai l'honneur de vous saluer.

¹) Bezogenen (Mandatar). ²) aufgenommen, niedergeschrieben. ³) Störung. ⁴) blindlings überlassen. ⁵) unaufhörlich ziehen, ohne Unterlaß.

34.

Je viens de recevoir votre lettre du 6 du courant par laquelle vous me témoignez votre étonnement que je ne vous aie point encore fait de remises pour ma traite de fr. 2000. — qui a été laissée en souffrance [1]) par Mess. Nodier & Cie. de Bruxelles.

J'aurais sans doute déjà satisfait à cette demande, si vous n'aviez pas omis de m'envoyer le protêt d'intervention [2]), soit pour l'acceptation, soit pour le paiement de la susdite traite. Ainsi, je n'ai pu prendre aucune note de l'obligé [3]), que vous avez bien voulu vous reserver [4]), et c'est moi, au contraire, qui dois être surpris de ce que huit jours après l'échéance de l'effet, vous voulez encore me rendre responsable. [5]) Il m'est impossible d'y consentir, car si vous ne pouviez pas payer le 15 mai, pour compte de Mess. Nodier, il fallait au moins m'en prévenir à l'époque fixe par un bon protêt d'intervention.

[1]) in Roth gelaſſen haben. [2]) Interventions-Proteſt. [3]) Obligo, Verbindlichkeit. [4]) verbehalten. [5]) verantwortlich.

Composition avec les créanciers.

35.

Nous sommes heureux de pouvoir vous mander que la maison Dupré a obtenu, après bien des débats, les ¾ de signatures, toujours craignant que l'Union [1]) des créanciers ne fût inévitable. Les dettes chirographaires [2]) ont été réglées sur le pied de 65 ⁰/₀, dont 30 ⁰/₀ payables de suite, et le restant à liquider dans le courant de l'année prochaine. Cet accommodement [3]) fut garanti par le beau-père de Mr. Amiot, homme de moyens et d'une grande loyauté.

Au reste notre place se prononce très-favorablement sur la prochaine réactivité de cette maison qui n'a succombé que par suite de la guerre de l'Inde où elle avait crée une commandite dirigée jusqu' ici par un parent qui n'avait pas lui-même une brillante fortune.

Nous ne manquerons pas de vous prévenir dès que nous aurons touché le premier dividende [4]) pour votre compte. *)

[1]) Vereinigung. [2]) Buchschulden. [3]) Vergleich. [4]) Theilungssumme bei Concurs-Massen.

Envoi de titres.

36.

Je viens d'apprendre que les syndics de la masse de Moutier doivent faire incessament une répartition [1]) aux créanciers de cette maison, et comme j'ai en mains plusieurs titres admis [2]), je prends la liberté de vous les remettre ci-inclus, savoir:

Fr. 3000. — traite de Ferrol, admise pour fr. 3027. —

Fr. 2000. — traite de Nichamp, admise pour fr. 2063. —

Vous y trouverez aussi deux procurations en blanc des susdits tireurs [3]), afin que vous puissiez toucher les dividendes qui seront offerts par la masse. [4])

Veuillez excuser les peines que je vous cause par cette mauvaise affaire, et disposer également de moi où je pourrai vous être utile.

[1]) Vertheilung. [2]) für giltig erkannte Dokumente. [3]) Zieher, Abgeber. [4]) Fallitmasse.

*) Dès qu'une faillite a été déclarée, le Tribunal de commerce nomme des agents, en suite des syndics, et plus tard des syndics définitifs. Pour homologuer il faut les ¾ de signatures.

Bourse de Paris.

37.

La hausse de ce jour a été assez animée. [1] On semble vouloir revenir [2]) un peu aux affaires sur les fonds publics, cela tient sans doute à ce que la multiplicité des affaires industrielles a éveillé la défiance de quelques spéculateurs, qui ont cru en apercevoir l'abus. L'activité de la spéculation a complétement tourné au profit [3]) de la rente. Le mouvement de hausse, qui jusqu' ici avait été continuellement tempérée [4]) par des ventes en réalisation des bénéfices, s'est dessiné [5]) aujourd'hui plus franchement, et quoique le cours de fr. 80 n'ait pas encore été dépassé [6]), du moins il est établi assez solidement pour qu'on puisse espérer qu'il servira de point de départ [7]) à de nouveaux achats.

C'est du reste la rente 5 % qui a enlevé [8]) l'autre. Elle a été demandée avec assez de persévérance pour amener une différence de 25 cent. entre le cours d'aujourd'hui et celui de clôture d'hier. Or, un mouvement semblable n'est pas fréquent dans les cours de cette valeur; mais il est facile de comprendre que chacun sait d'où sont venus les premiers achats. Non seulement la caisse des dépôts et consignations [10]) a rapporté des capitaux sur cette valeur, comme cela lui arrive souvent, mais la banque Lafitte, qui vient de réaliser son capital social, emploie toute la partie disponible en achats de 5 %. Cette opération, faite sur une échelle [11]) assez étendue, ne pouvait pas manquer de donner une forte impulsion [12]) à une valeur si bien classée [13]) déjà, et qui n'est vendue en général qu'à découvert [14]) par des spéculateurs.

[1]) lebhaft. [2]) zurückkommen. [3]) zum Nutzen gewendet. [4]) in den Schranken gehalten. [5]) entwickelt. [6]) überschritten. [7]) Richtschnur. [8]) aufgeräumt. [9]) Abschluß. [10]) Deposito- und Anweisunge-Cassen. [11]) Maßstab. [12]) Eindruck. [13]) geordnet. [14]) ohne Deckung.

Malaise dans le commerce.
38.

Par votre lettre du 10, vous nous invitez à rouvrir le cours de nos affaires de comptabilité, qui ont donné tant de résultats favorables l'année dernière. Cet état de choses a cependant changé par la crise qui pèse [1]) si gravement sur le commerce en général; d'ailleurs le Londres n'a pas la moindre fixité [2]) et ne laisse du moins à présent aucun bénéfice à espérer qui soit équivalant [3]) à l'intérêt des avances, auxquels nous serions exposés. Ajoutant encore ja politique du jour, qui impose [4]) le principe le plus réservé, nous ne pourrions même pas garantir nos endossements lusqu' au terme des échéances respectives. C'est donc force majeure [5]) que nous restraignous le cercle de notre industrie et nous vous engageons à suivre également ces traces de sagesse [6]) que notre propre bien requiert si impérieusement.

Vos dévoués.

[1]) laſtet. [2]) Feſtigkeit. [3]) entſprechend. [4]) auferlegt. [5]) gebietende Gewalt. [6]) dieſen Weg der Klugheit.

Contre un mauvais débiteur.
39.

Ma patience est à bout; peu loyal à remplir vos engagements, vous cherchez encore à me rogner [1]) mes 2 ₰ de commission. C'est une usurpation [2]) de mes droits, laquelle vous range sous la dénomination de chicaneur renforcé. [3]). Un délai après l'autre se passe, et aucun n'est tenu. J'en ai bien assez de ces illusions. Mr. G. Demoulin, mon délégué [4]), a carte blanche [5]) de traiter et de transiger [6]) avec vous. Ceci pour votre gouverne en dernière analyse.

[1]) abzwacken. [2]) Eingriff. [3]) Erz-Chicaneur. [4]) Geſchäftsträger. [5]) unbeſchränkte Vollmacht. [6]) einen Vergleich treffen.

Affaires de marchandises — Ordres d'achat et de vente — Avis sur les marchés.

Achat d'huile.

40.

Nous avons l'honneur de vous prévenir que votre partie d'huile a été achetée et prise d'un quartier [1]) fort distingué et notre prochaine vous en portera le compte.

Ni Smyrne ni la régence de Tunis ne nous fournissent de renforts [2]) en huile, puisque les froids excessifs qui se sont fait sentir dans ces contrées ont porté atteinte [3]) aux oliviers; nous serons donc réduits [4]) pour notre consommation aux produits [5]) de la Provence et des Deux Siciles.

Les huiles fines sont clouées [6]) à fr. 90 $\frac{0}{0}$ pour toutes les époques. Il a fallu bien des efforts pour opérer [7]) au-dessous. Vos dévoués.

[1]) Bezirk. [2]) Zufuhren. [3]) Schaden gebracht. [4]) beschränkt. [5]) Ertrag.
[6]) gefesselt. [7]) anzukommen.

Grains — Thé.

41.

Les grains [1]) soutiennent leur fermeté sur les marchés extérieurs. Je serais charmé qu'il pût vous convenir d'y entamer [2]) quelques opérations à compte commun; mais il ne faut pas toucher aux cotons qui sont plus suivis [3]) à Liverpool qu'ici, ni aux cafés qui gisent dans l'oubli [4]), et dont les cours se chiffrent [5]) tous les jours plus bas. La grande vente de thé du commerce libre s'est faite avec beaucoup de pésanteur [6]); elle consistait en 95,000 colis sur les quels 7000 environ ont passé [7]) aux enchères [8]) et

2000 seulement ont été vendus en baisse sur les prix. — Voici les récentes notations [9]) de notre marché.

[1]) Getreide. [2]) eingehen. [3]) gesucht. [4]) unbeachtet bleiben. [5]) sich notiren.
[6]) Trägheit, Flauheit. [7]) zugetheilt werden. [8]) öffentlichen Verkauf.
[9]) Notirungen.

Difficulté de vendre.
42.

Je ne suis guères avancé dans le placement de vos vins; personne n'en veut, et encore moins de vos vins du Rhône, qui sont peu connus dans le pays. Ce liquide est d'ailleurs fort déprécié [1]) sur la place, parce que toutes nos caves en sont remplies, et point d'acheteurs se présentent pour les vins de France, qui paient des droits enormes chez nous. Au pis aller votre partie sera mise à l'enchère [2]) si d'ici à un mois, je ne trouve à la placer aux limites que vous m'avez fixées. Mieux vaudra-t-il peut-être d'en faire disposer vos voyageurs, qui parviendront, sans doute, à nous tirer d'embarras.

J'attends incessament de vos nouvelles, pour savoir comment vous entendez terminer cette affaire.

[1]) wenig Werth. [2]) öffentlich versteigert.

Avis sur les vins.
43.

Les arrivages continuent [1]) lentement. Les Chers et les Loire fournissent la majeure partie. La Bourgogne arrive également, mais en petites quantités, aussi Rouen débouche. [2]) Les Marseille, les Bordeaux, les Fitou, les Montagne, ainsi que les muscats et autres, qu'on offre d'ordinaire en étrennes aux consumateurs, et qui sont restés fidèles aux marchands de vin en détail cette année. Les vins de Bourgogne sont verts et sans vinosité [3]). Les

Chers et les Vourvray se placent très-bien. Il en est de même des vins d'Anjou. En général, ce ne sera pas sur ces vins que la hausse donnera [4]); les Bourgogne sont là, pour faire face à la bouteille. Le commerce en gros [5]) a du reste de fortes parties entre les mains.

[1]) geben vorwärts. [2]) rückt an. [3]) nicht weinreich. [4]) die Steigerung sich hinneigen wird. [5]) Großhandel.

Touchant le placement de vins.
44.

Monsieur Bernard m'ayant remis votre lettre, il est au mieux que vous alliez recueillir des ordres en vins au nom de Mess. Dandolo frères à Oporto. Autorisé par ces amis, je vous offre une guinée sur chaque pièce de vin de contenance ordinaire qui sera demandée ou à vous ou directement à la maison par suite de vos recommandations, bien entendu, cependant, qu'il n'y ait pas d'empêchements dans l'exécution de ces ordres.

Quant au réglement de votre provision, je m'engagerai à vous la payer ou à tout autre de votre choix, dès que les commettants auront acquitté leurs comptes sans déduction quelconque.

En attendant que vous alliez sanctionner [1]) ces stipulations [2]) par un mot de réponse, j'ai l'honneur de vous saluer.

[1]) bekräftigen. [2]) Bedingungen.

Sur les liquides.
45.

La conviction où l'on est que les vins du midi ne pourront pas être gardés cette année, rend encore les acheteurs plus timorés. [1]) — Nos vendanges se trouvent entre l'alternative de pluie et de soleil; la pourriture ²) et conséquemment la perte allant toujours croissante quelques récoltes se sont vendues sur pied depuis 35 jusqu'à 50 fr. le muid tout nu. ³) Les vins obtenus avec un triage ⁴) rigoureux montrent encore de la liqueure et marquent au pèse-vin de 8 à 9 dégrés.

Point d'amendement ⁵) encore sur les eaux de vie, il faudra bien que cela ait lieu prochainement, si les détenteurs ont le courage de tenir bon.

La navigation par bateaux à vapeur se trouvant interrompue dans cette saison avec le Nord, les achats pour l'exportation subissent ⁶) forcément un temps d'arrêt. ⁷)

J'ai l'honneur d'être etc.

¹) furchtſam. ²) Fäulniß. ³) ohne Faß. ⁴) Auswahl. ⁵) Beſſerung.
⁶) empfinden. ⁷) Stillſtand.

Difficulté dans le paiement.

46.

Nous sommes privés de vos nouvelles. Votre débiteur Gauthier ne se laisse pas plier ¹), il se fait fort ²) sur l'exécution fautive de son ordre, qui prescrivit livrable à Strasbourg, y compris les frais de transport. La correspondance doit prouver le fait ³), qui est de haute importance pour une si lourde marchandise. Quoiqu'il en soit, je conseille de céder ou plutôt de rompre ⁴) l'affaire, car le dit Sieur est reconnu pour être un chicaneur de plus consommé ⁵) sur la place. Nous trouverons toujours moyen de placer ailleurs convenablement votre envoi, puisqu'il contient des articles d'un facile écoulement. ⁶)

¹) nachgeben. ²) ſtützt ſich. ³) Thatſache. ⁴) abbrechen. ⁵) ausgemachter.
⁶) Abſatz.

Comptes simulés — Raisonnement sur les laines.

47.

Suivant le désir que vous nous avez manifesté par votre lettre du 28 du passé, nous ajoutons ici quelques comptes simulés [1]), afin de vous guider [2]) touchant les achats que vous entendez faire dans les laines du pays. L'article se maintient, et il n'y a que les qualités fines, qui soient délaisées. [3]) La Belgique ne parait pas disposée à donner vivement[4]) sur les laines d'Espagne et cette hésitation [5]) n'encourage pas les expéditeurs à consigner des masses [6]) à Anvers. Les Belges se tiennent d'autant plus à l'écart [7]) qu'ils attendent à recevoir des laines d'Allemagne. L'avenir présente des alternatives de calme [8]) et d'activité, ce qui pourra influer [9]) tour à tour [10]) sur les prix.

Nous vous offrons nos meilleurs services, et vous prions d'en faire fréquemment usage.

[1]) fingirte, simulirte. [2]) leiten. [3]) unbegehrt. [4]) viel — zu thun. [5]) Unschlüssigkeit. [6]) große Quantitäten. [7]) zurückhalten. [8]) Lauheit. [9]) Einfluß haben. [10]) wechselseitig.

Avis sur les huiles d'olive.

48.

Nos affaires ont eu assez de mouvement pendant le mois expiré, quelques articles se sont faits couramment [1]), d'autres ont pointé à la hausse [2]), mais il en est aussi un grand nombre qui ont eu de la faiblesse [3]) dans leur tenue, du délaissement et de la nullité. [4]) De ces derniers nous mettrons les huiles fines en première ligne [5]), parce que notre place est encombrée [6]) de ce liquide, qui reste stationnaire [7]) à fr. 75. Les provisions en toutes mains peuvent s'élever à 400 milliers environ. Les huiles à fabrique [8]) ont bien eu quelques acheteurs, mais en général pour la savonnerie. [9]) Les joueurs paraissent avoir quitté la partie, au moins du coté des haussiers [10]), de sorte que les baissiers auraient à peu-près le champ libre, si de temps en temps les besoins de nos fabriques n'exigeaient pas quelques emplettes. Vos dévoués.

[1]) gingen leicht ab. [2]) neigten sich zum Steigen. [3]) zeigten Flauheit. [4]) ohne Absatz und Werth. [5]) veranstellen. [6]) überfüllt. [7]) unbeweglich. [8]) Fabrilöle. [9]) Seifensiederei. [10]) von Seiten der Haussiers, die auf das Steigen, oder Baissiers, die auf das Fallen der Preise speculiren.

Consignation de cotons.

49.

A l'instant nous recevons des avis directs de Liverpool, voie de Philadelphie, qui jettent du calme [1]) sur les cotons. Nous sommes décidément en baisse, et notre stock [2]), par suite d'arrivages assez considérables, s'est augmenté jusqu'à 25,000 balles environ.

Nous n'avons nullement l'intention de vous diriger [3]) rélativement à ce que vous avez à faire pour nos cotons entre vos mains, au contraire nous vous laissons l'option [4]) ou de les vendre au cours de la place, ou d'en rechercher un autre marché, et dans ce dernier cas il vous faudra un certificat d'origine [5]) que nous joignons à la présente.

Notre commerce ne s'est pas encore remis [6]) des pertes qu'il a éprouvées.

Dieu merci, nous en avons été peu affectés. [7])

[1]) in große Flauheit versetzen. [2]) Vorrath. [3]) vorschreiben. [4]) Wahl [5]) Ursprungszeugniß. [6]) erholt. [7]) berührt worden.

Ordre de vendre.

50.

Depuis quelque temps privé de vos nouvelles, je viens vous transmettre une assignation [1]) pour retirer de chez Mr. Planchon de v/v, les 6 balles de café que je lui ai vendues, et dont la couleur ne répond pas à son attente, malgré qu'elle soit conforme à la montre [2]) sur laquelle il avait acheté. Pour mieux pallier [3]) ses injustes récriminations [4]), il a cru devoir se réclamer [5]) de vous rélativement à sa solidité, qui ne parait cependant pas être d'une haute volée. [6]) Pour couper court à tout ultérieure contestation avec lui, je vais disposer de la marchandise, et vous aurez la bonté de la vendre pour si peu que l'offre en soit raisonnable, quand même vous ne pourriez pas atteindre à beaucoup près la somme de fr. 990 produit de ma facture, dont ci-inclus la copie.

Veuillez agir pour le mieux de mes intérêts et me donner bientôt avis du succès de vos efforts.

[1]) Verweis. [2]) Muster. [3]) bemänteln, beschönigen. [4]) Beschwerden. [5]) sich berufen. [6]) hoher Geltung.

Difficulté de vendre.

51.

Vous nous avez mal compris lorsque vous nous demandiez l'autorisation expresse de vendre nos vins; ayant entière confiance en vous, nous désirons que vous les débitiez de gré à gré [1]), et non par la voie judiciaire, parce que dans ce cas il y a des frais, et que vous êtes forcé de livrer au dernier enchérisseur. [2]). Or, si vous n'en avez pas encore obtenu la vente, vous êtes de nouveau autorisé à faire les diligences nécessaires pour l'obtenir, toujours au mieux de nos intérêts, comme nous ferions pour vous-même.

En mettant nos instances en pratique [4]), notre ambition n'est pas extrême, puisque nous désirons seulement rentrer dans une partie de nos débours [5]) pour une marchandise qui a au moins doublé de valeur sur nos points de productions. [6])

Ci-contre vous trouverez notre dernière évaluation [7]) où il faudrait être contraint à donner nos vins. Veuillez vous occuper de cette vente d'après la base que nous vous traçons [8]) et nous faire connaître le bien-être [9]) de votre officieuse intervention.

[1]) gütlich. [2]) letzten Meistbietenden. [3]) die nöthigen Schritte. [4]) unserm Gesuch willfahren. [5]) Auslagen, Vorschüsse. [6]) Erzeugungsorte. [7]) Schätzung. [8]) angeben. [9]) guten Erfolg.

Achat avec facture — Avis sur les spiritueux.
52.

J'ai remis vos 10 pièces d'eaux de vie à l'équipage [*]) Brunel à l'adresse de Mr. Laffite jeune à Chalons s. s. J'ai pourvu au bon conditionnement des futailles, dont les fonds sont platrés [1]) et rebattus en pantalon [2]), de sorte que vous n'aurez point de coulage [3]) en route. Quant à la qualité des eaux de vie, elle ne laisse rien à désirer sous le rapport du bon goût et du degrés [4]) de la liqueur.

D'autre part, j'ai l'avantage de vous en remettre facture s'élevant à Fr. 5120. — portés à votre débit. Pour m'en rembourser, je dispose sur Mr. G. Mallet de Lyon mes traites en date de ce jour:

Fr. 3000. au 20 janvier ⎱
» 2171. au 30 dit.   ⎰ à mon ordre.

Fr. 5171. a 1 ⅜ de perte, faisant Fr. 5120. —

Veuillez donner les ordres nécessaires, afin que tout accueil soit réservé [5]) à ma signature. Vous en avez crédit pour solde de ma susdite facture.

[*]) Barke.

Nos cours ont gagné encore du terrain: à livrer *), il ne se fait rien faute de vendeurs, qui ne veulent point prendre d'engagement pour les époques à venir. La demande, loin de s'amortir 7), semble redoubler de vivacité. Aussi nos distilleries sont en pleine activité, et elles ont déjà livré au commerce des masses énormes de spiritueux. 8) J'aurai soin de vous aviser des variations qui pourront se manifester plus tard dans notre commerce de liquides.

Etant constamment à vos ordres, j'ai l'honneur, Monsieur, de vous saluer très-affectueusement.

*) vergipfet. ²) ganʒ bereift. ³) Leccage (Schaben durch Ausrinnen). ⁴) Grab. ⁵) Vorbehalt. ⁶) auf Lieferung. ⁷) abʒunehmen. ⁸) große Maſſen von Sprit.

Vins à vendre — Remise.

53.

Votre lettre est trop explicite ¹) pour juger que votre détermination est prise de faire vendre nos marchandises judiciairement, si toutesfois vous n'étiez couvert au plus vite de vos déboursés ²). Nous voyons aussi, que vos diligences à vous adjoindre ³) Mr. Laharpe pour une vente prochaine ont été sans résultat. Surpris qu'il n'ait pas répondu, nous avons été aux renseignements dès la réception de votre lettre, et nous apprimes qu'il avait séjourné ⁴) plus longtemps à Mayence qu'il ne s'y attendait, mais qu'il était sûrement aujourd'hui à Berlin. En conséquence, nous lui écrivons et insérons notre lettre dans la présente, pour l'inviter à se rendre sans délai auprès de vous, afin d'aviser ⁵) au placement de nos vins.

Nous désirons autant que vous d'en finir, et si vous nous aviez compris, ou que vous eussiez cherché de vendre à mesure ⁶) de la qualité de nos vins, cette affaire serait consommée [7]), ayant entière confiance en vous, et il n'y avait [8]) de votre coté qu'à offrir, à vous remuer [9]), et le vouloir, pour vaincre les difficultés qui ont ajourné la définition. [10])

Pour éviter la perte totale de nos vins, nous avons à prévenir le coup, dont vous nous menacez (la vente judiciaire), et nous vous adressons par conséquent, ci-joint, 8 valeurs, payables au premier mai, ensembles fr. 1530. — dont vous voudrez bien nous reconnaitre rentrée faite. [11]). Mais de grace, que cela ne soit un motif, de nous refuser votre intervention pour la vente de nos marchandises, que nous désirons toujours opérer de gré à gré [12]), et non par la mesure destructive, dont vous nous menaciez jusqu'ici.

[1]) flar. [2]) Verschüffe. [3]) sich vereinigen. [4]) aufgehalten. [5]) berathen. [6]) nach Maßstab. [7]) abgemacht. [8]) es beburfte. [9]) den Eifer. [10]) den Abschluß hemmten. [11]) nach erfolgtem Eingang. [12]) auf gütlichem Wege.

Affaire litigieuse.

54.

Appuyé par vos amitiés, j'ose réclamer aujourd'hui votre obligeante assistance pour le recouvrement d'une dette qui m'est si obstinément retenue, et dont je viens vous référer le précis.

Depuis le novembre dernier, j'ai expédié par ordre 30 pièces de nos vins de Rhône à Mr. Henri Donadier de votre ville, du montant de fr. 4000. — sous condition expresse qu'il me soit fait de promptes remises sur Paris. Au lieu d'y satisfaire, on vient m'assaillir d'une querelle allen.ande [1]) en rabaissant [2]) la qualité de ces vins. Je suis donc forcé de récourir à la voie judiciaire [3]), et pour cet effet, j'ai formulé [4]) une procuration légalisée par qui de droit, et que je vous envois ci-jointe, afin d'agir contre cet homme déloyal qui cherche si visiblement à me duper. [5])

Je vous demande mille pardons de toutes les peines que je puisse vous causer, vous offrant, en revanche, un retour de services, qui seront à ma portée de vous rendre.

[1]) Mit schlechten Chikanen. [2]) herunterseßen. [3]) zu Rechtsmitteln greifen. [4]) aufgeseßt. [5]) betrügen.

Plaintes — Fils de coton à disposition.

55.

Par ma dernière lettre, je vous ai prié d'arrêter tout nouvel achat en cotons filés [1]), ne prévoyant pas que la marchandise puisse arriver à Hambourg avant l'entrée de l'hiver. J'ai fixé également votre attention sur les livraisons [2]) irrégulières que vous devez mettre à renvoi. [3]) Maintenant vous venez m'apprendre, à ma plus grande surprise, que vous avez non seulement accepté les livraisons arriérées [4]), mais renforcées [5]) encore par de nouveaux achats, contraires à mes ordres.

Ce supplément ne saurait nullement me convenir ni par la grande élévation du fret [6]), ni par la différence du transport par terre, qui est trop couteux dans cette arrière-saison. [7])

Vous ne trouverez donc pas étrange, que je laisse les 1200 paquets fils de coton à votre disposition, vous priant de m'en décharger. Une autre fois, vous veillerez, j'espère, un peu moins aux intérêts de vos fileurs [8]), que vous paraissez singulièrement protéger aux dépens de vos commettants.

[1]) Baumwollengarn. [2]) Lieferungen. [3]) zurückstellen. [4]) verspätete. [5]) vermehrte. [6]) Seefracht. [7]) Spätjahr. [8]) Spinner.

Justification.

56.

C'est avec la plus grande surprise que nous voyons par votre lettre du 10 courant, que vous n'êtes point satisfait de la qualité de nos cotons. Nous avons acheté sur l'échantillon qui nous a été remis par le courtier Romberg, dont l'honnêteté et l'expérience sont généralement connues et estimées ici. Et quant aux vendeurs, ils jouissent du premier rang à notre Bourse, et sont incapables de manquer de délicatesse dans leurs affaires. Des erreurs n'ont pu avoir lieu, ayant nous-mêmes examiné la marchandise, et notre solidité nous met à même d'acheter aussi bien que les meilleures maisons d'ici. Néanmoins nous savons apprécier votre franchise et le témoignage des personnes qui ont signé le certificat, de sorte que cette défectuosité [1]) nous parait un problème [2]) très-difficile à résoudre.

Quant à un rabais sur nos déboursés effectifs nous ne pouvons y consentir; mais aimant à éviter autant que possible toute contestation [3]) avec nos amis, nous sommes bien aises d'en venir à un accommodement [4]), et nous allons vous proposer de remettre les 6 balles en question à Mess. frères Dubois de votre ville contre votre remboursement sur nous. Un tel arrangement [5]) doit nous replacer [6]) dans votre bonne opinion pour si peu qu'elle ait pu souffrir, et dans cet espoir nous vous présentons nos salutations les plus affectueuses.

[1]) mangelhafte Qualität. [2]) Räthfel. [3]) Streit. [4]) Verständniß. [5]) Ausgleichung. [6]) wiedererlangen.

Avis sur les houblons.

57.

Si j'ai tardé à vous annoncer le résultat de notre récolte de houblon [1]), c'est que j'ai préféré de vous donner des renseignements plus ou moins certains. Cette plante mobile et capricieuse a subi encore cette année toutes les variations d'une température extraordinaire; d'abord elle a poussé avec vigueur, puis les nuits froides et humides des mois de juin et juillet en ont arrêté tout à coup la croissance et le développement. Tour à tour nous espérions une pleine récolte, lorsque la nuit désastreuse du 20 août sembla avoir détruit un grand nombre de nos houblonnières [2]). Depuis lors nous avons joui d'un temps sec et serein; et celles des communes à houblon qui avaient échappé à cette destruction, nous donnent une récolte abondante d'une excellente qualité. Au résumé, il y aura cette année de très-bons et de très-mauvais houblons; celui qui a été atteint par la grêle n'aura certainement aucune force, et par conséquent il y aura une grande différence de prix. Le dernier cours a été de fr. 105 à 125, et je n'oserais pas vous garantir la stabilité; cependant si les accapareurs [3]) ne nous enlèvent pas ce produit, je pense sous peu vous offrir notre meilleur choix de houblon à un prix raisonnable.

Espérant que vous me conserverez une petite préférence pour une partie de vos ordres, je vous prie, Monsieur, d'agréer mes salutations bien sincères.

[1]) Hopfen. [2]) Hopfengärten. [3]) Aufläufer.

La lettre que vous nous avez écrite le 5 de ce mois arrive à l'instant. Nous convenons que le bien-être de nos fileurs [1]) ne saurait nous être indifferent, parce qu'il se lie en certaine façon étroitement avec le nôtre, néanmoins l'intérêt de nos commettants marchera toujonrs en première ligne. [2]) Si vous connaissiez à fonds la gravité [3]) de notre position, vous nous auriez épargné l'amertume de vos remarques; car nous nous sommes presque tués à force de travailler, afin d'accélérer la livraison de vos fils de coton. Nous n'avons pas même épargné des frais extra-ordinaires pour mieux y réussir; mais il y avait à coté des empêchements impossibles de vaincre. Il est vrai. nous aurions pu faire des envois particls [4]), mais nous pensions que ces fractions d'assortiment [5]) ne sauraient pas vous convenir, et il nous manquait d'ailleurs votre autorisation pour une telle décomposition [6]) de votre ordre.

Les fils No. 1. 2. 3. ont été livrés et payés; ils sont d'une filure bien déliée [7]) et demain ils partiront en 5 ballots pour Hambourg. Nous en resterons là [8]) de nos envois pour cette année. Veuillez nous créditer de liv. 800 sterl. qui forment le montant de notre facture ci-contre.

Nos cotons filés, dont le fillage [9]) est bien soigné, reprendront faveur quand les ventes publiques seront terminées. En général, il y a mouvement à notre marché et nos prix se portent en avant. [10])

[1]) Spinner. [2]) vorangehen. [3]) bas Schwierige. [4]) theilweise, partielle Senbungen. [5]) zerstückelte Sortimente. [6]) Vertheilung [7]) sehr feines Gespinnst. [8]) nicht weiter gehen. [9]) Gespinne. [10]) steigen, gehen vorwärts.

Réclamation d'un rembour&ement.

59.

A l'instant nous sommes favorisés de votre lettre du 21 du passé, renfermant [1]) une commission à 10 caisses d'indigo, dont nous avons pris bonne note.

Pour ce qui regarde l'acquit de notre facture, il ne saurait pas nous convenir d'attendre vos remises à la réception de la marchandise. Tous nos achats se faisant au comptant [2]) sur notre place, il est tout claire que nous ne pourrons pas nous prêter à des avances [3]) en qualité de commissionaires; il nous faudrait une caisse de Croesus et même celle-ci serait insuffisante, si tous nos amis voulaient introduire ce mode de paiement [4]). Non, il faut que vous nous indiquiez un bon remboursement sur Amsterdam ou Paris, pour que nous puissions nous en servir lors de la remise [5]) de notre compte d'achat. Or, comme la vente publique va s'approcher, il est urgent de nous remplir aussitôt de fonds convenables.

En attendant, nous avons l'honneur de vous saluer.

[1]) enthaltenb. [2]) baar. [3]) Vorschüffe. [4]) Zahlungsweise. [5]) Uebermachung.

Retard d'une expédition — Suspension d'acceptation.

60.

Je suis très inquiet du sort de mes 20 pièces esprit 3/6, qui ont été embarquées sur le Rhône, malgrè le débordement [1]) de ses eaux. Comme elles ne sont point encore arrivées à Chalons, il parait que la navigation e éprouvé de grandes entraves [2]), ce que vous ne devez pas ignorer, et cependant vous gardez le silence là-dessus. Je suis en droit de prendre ma revanche, ayant fait suspendre l'acceptation de vos traites sur Lyon. Tant pis, si elles se trouvent déjà en circulation, et dans ce cas vous y pourvoirez pour votre compte. Je suis d'autant plus autorisé à une telle démarche hostille [3]) contre vous, puisque vous avez fourni à une plus courte échéance, que je n'avais désignée et vous n'expliquez pas le motif pour avoir agi si arbitrairement.

J'ai l'honneur de vous saluer.

[1]) Auftretung. [2]) Hinberniſſe. [3]) feindlichen Schritt.

Achat d'huile — Avis sur le marché.

61.

Nous avons reçu votre lettre du 25 du passé, par laquelle vous acceptez les 500 barriques huile de chenevis [1]) que nous nous sommes empressés d'emplêtter au prix de 16 roubles, que vous nous avez limités. Nous avons hésité d'abord de souscrire à vos conditions, qui ne laissent pas à être dures. Mais enfin la confiance mise en nous était trop flatteuse, pour ne pas vous rendre tous les bons offices qui pourront dépendre de nous. Toutefois une échange de marchandises ne saurait aucunement nous convenir. Nous sommes de simples commissionaires qui achètent sur l'ordre de nos commettants contre une rétributions de $2\frac{0}{0}$, et nous vous réduisons notre provision à $1\frac{1}{2}\frac{0}{0}$, c'est une faveur tout-à-fait particulière, n'ayant encore accordé à personne une pareille modification. Au reste la marche lourde de nos affaires nous impose [2]) l'obligation de nous rembourser de suite du montant de nos factures, car toutes nos denrées [3]) doivent se payer comptant, tandis que les productions étrangères se vendent à 3 ou 4 mois de terme sans garantir la solidité des acheteurs. *)

Vos huiles seront remises au capitaine **Walter**, du navire **Kutusof**, qui se trouve en charge pour Lubec. Avec le connaissement vous recevrez la facture ainsi que l'avis de nos traites sur Mess. **Forwart brothers** à Londres pour votre compte.

Nous n'avons aucune affaire de longue haleine ⁴) sur la place. Les prix du suif jaune à chandelles ⁵) se sont amendés ⁶); on en demande 94 roubles payables en avance. Il se fait peu d'achats en crins ⁷) à 65 roubl., et 75 roubl. pour les queues de chevaux ⁸). La soie de porcs ⁹) 80 à 90 roubles.

Les glaces ont maintenant tout-à-fait quitté la Newa, et il n'y a plus d'entraves pour le départ des navires.

¹) Haupt-Oel. ²) legt une . . . auf. ³) Waaren. ⁴) lang anhaltende Geschäfte. ⁵) gelbes Talglicht. ⁶) sich gebessert. ⁷) Meßhaare. ⁸) Pferdeschweife. ⁹) Borsten.

Affaire litigieuse.

62.

Continuant mes avis sur le compte de Mr. Nichamp, je ne prévois pas comment vous puissiez liquider avec lui, puisqu'il refuse obstinément l'admission ¹) de ce que vous prétendez. Il se récrie ²) contre l'énormité des frais ³), et surtout, contre les surrestaries ⁴) que vous auriez pu éviter en mettant plus de célérité dans le chargement de son navire. Il réclame au surplus une remise ⁵) de 25 ⚜

---

*) Usage en Russie.

pour le vui le ⁶) des fatailles de rocou ⁷), dont il résulte une décale ⁸) extraordinaire. Je ne crois pas qu'il y ait quelque chose à gagner en poursuivant légalement la rentrée de ce qu'il vous reste devoir. Vous prenderez donc vos mesures en conséquence, sans en venir à des extrémités, c'est le seul moyen de conduire l'affaire à une fin heureuse.

¹) Anerkennung. ²) er beschwert sich. ³) die übertriebenen Spesen.
⁴) Ueberliegetage. ⁵) Nachlaß. ⁶) Leere. ⁷) Orleans. ⁸) Abgang.

Affaires maritimes.

Marchandise à bord — Connaissement — Facture.

63.

Nous avons l'avantage de vous remettre ci-joint connaissement et facture de 50 colis qui ont été chargés sur le navire la Société, et dont le montant s'élève à fr. 13200. — que nous vous prions de porter à notre crédit.

Le navire mettera en mer avec le premier vent favorable et nos voeux l'accompagnent pour un heureux voyage. L'affluence ¹) de bâtiments de tous pavillons a fait rabaisser ²) les primes.

Tout ce que nous avons empletté se trouve conforme à la qualification et vous a été passé aux prix constants. ³) Nous n'aurions pu agir mieux pour nous-mêmes, preuve manifeste combien il nous importe de conserver la faveur de vos ordres. Vos dévoués.

¹) Ueberfluß. ²) niedriger gestellt. ³) zu stehenden Preisen.

Consignation d'un navire — Traitte acceptée —
Augmentation de crédit — Compte d'assurance.

64.

Par votre lettre du 4 vous eûtes l'extrême bonté de
nous consigner votre navire Astor. Nous vous témoignons
notre plus vive gratitude de cette marque de confiance qui
sera pleinement justifiée par nos efforts pour le bien de
vos intérêts.

Déjà avons-nous pourvu [1]) à l'assurance d'après le
compte ci-inclus; il nous a réussi de stipuler une prime
assez modérée. Le temps étant calme et le vent soufflant
de l'ouest, on peut se flatter d'une prompte arrivée du
capitaine.

Quant à votre traite de liv. 500 sterl., à 3 mois de
date, nous l'avons honorée, et les autres liv. 300 qui
suivront de près, jouiront de la même déférence. [2]) Puisque
vous le désirez, nous doublerons le crédit, jusqu'à la somme
de d i x m i l l e l i v r e s s t e r l i n g s, espérant que cette
latitude peu commune nous conduira à des affaires d'une
plus haute portée. [3])

[1]) beforgt. [2]) Ehre. [3]) Bedeutung.

Avarie d'une consignation.

65.

Je puis vous mander aujourd'hui le débarquement de
vos marchandises. Dix boucauts de sucre ont éprouvé une
légère avarie, que nous ne voulions pas soumettre à une
estimation [1]), parce qu'elle nous aurait conduit à des frais
inutiles, les experts aimant trop souvent à se prononcer
contre les assureurs. Il en est de même d'une vaintaine
de balles de coton, qui ont souffert par un mauvais

arrimage ²), dont le capitaine ne pourrait cependant pas être inculpé. ³).

L'un et l'autre de ces deux articles ne présentent guère de changes favorables pour la vente, il faudra donc attendre un meilleur marché. Ci-dessous les quotations, qui vous serviront d'instructions rélatives au sort ultérieur de cette consignation.

¹) Abſchätzung. ²) Stauung. ³) beſchulbigt.

Chargement à expédier.

66.

Pour satisfaire au contenu de votre lettre du 18, je vous autorise à completter le chargement de l'Achille par de bon vin de Roussillon, à moins que vous ne trouviez ailleurs le restant à noliser. ¹) — Je reviens aux caisses de liqueur, que je vous prie de faire placer dans l'entre pont ²), et non dans la cale ³) avec des colis volumineux. Le fret d'aller ⁴) de mon Achille ne vous est-il pas encore rentré? J'en attends le réglement après l'expédition de mon capitaine.

Nous renvoyons d'ici une douzaine de navires, faute de chargeurs ⁵); personne ne veut se livrer à des affaires d'outre-mer ⁶), en attendant qu'on ne sache quelle tournure prendront les discussions politiques.

Notre marché est profusément pourvu de sucres et de cafés. Potasse sans chargement. Environ 100 milliers bois jaune, Chartagène, venus par l'Eugène, ont été livrés sur le quai à lire 8, 10. •

¹) Noliſſement (in ben mittelländiſchen Häfen), Befrachtung. ²) Zwiſchenbeck. ³) Schiffsraum. ⁴) Hinfracht. ⁵) Verſender, Befrachter. ⁶) überſeeiſche Geſchäfte.

Crédit — Assurance — Extention d'un ordre.

67.

Je réponds à la lettre que vous m'avez écrite le 6 de ce mois. Il est au mieux que vous preniez des planches [1]) pour l'arrimage [2]) de mon navire F e r d i n a n d; étant bon voilier [3]), j'aime à croire qu'il pourra dévancer [4]) d'autres semblables expéditions pour peu que vous pressiez [5]) le chargement.

J'ai couché [6]) de conformité sur votre compte les fr. 600. — que vouz avez avancés [7]) à mon capitaine. Pour le recouvrement [8]) de votre crédit vous fournirez sur moi à courte échéance.

Je consents que les vins s'expédient pour le compte et au risque à demi [9]) entre nous, ce qui fera mieux cadrer vos convenances [10]) avec les miennes.

Nos assureurs demandent 6 ⅜ pour assurer depuis votre port jusqu'à Boston. Il vaudra mieux faire signer chez vous; j'attends incessament la police. Vous ajouterez 5 ⅜ pour couvrir la prime et les frais.

Quant aux esprits 3/6 vous étenderez ma demande jusqu'à 50 pièces, puisque les nombreuses ventes à livrer [11]) donnent l'espoir que ce liquide recevra une nouvelle impulsion en hausse, à cause de la rareté de la matière. [12])

Je finis en vous recommandant la plus stricte économie dans les frais de l'expédition et vous salue de coeur.

[1]) Bretter. [2]) zum Stauen. [3]) guter Segler. [4]) voraneilen. [5]) balbigſt betreiben. [6]) gebucht. [7]) vorgeſchoſſen. [8]) Einziehung. [9]) halbe Gefahr. [10]) mit Ihrer Convenienz übereinſtimmen. [11]) Lieferungs-Einläufe. [12]) Brennweine.

68.

Je vous ai écrit le 20 du passé, vous accusant aujourd'hui réception de votre missive de même date. Je m'empresse d'y répondre.

Pour fournir au plein [1]) la cargaison du Jules, vous y ajouterez encore 20 barriques muscat Rivésalte, qui suffiront sans doute pour la completter. Comme les parties intéressées [2]) dans cette expédition me recommandent d'user toutes les précautions possibles, je vous prierai de faire nommer des experts pour visiter l'arrimage de la cargaison. J'espère que cette expédition arrivera avant qu'elle soit soumise au tarif des nouveaux droits additionnels [3]), qui sont si onéreux à notre commerce d'importation. [4])

De violents coups de vent ont forcé votre capitaine Mournay, conduisant le navire Fortuna, d'entrer à Ostende; dérivant de sa route [5]), les assureurs ne veulent point reconnaître l'avarie qu'il avait faite, et ne consentiront à payer qu'après une décision arbitrale [6]). Le navire est tellement maltraité, qu'il faudra désarrimer [7]) la cargaison et peut-être même la renverser [8]) dans le Mentor. Cet accident fâcheux a contre-carré [9]) notre entreprise de beaucoup, et les chances [10]) de bénéfice ont grandement diminué.

---

[1]) voll machen, complettiren. [2]) Intereffenten, Theilnehmer. [3]) Zoll-Zufaß. [4]) Einfuhr-Handel. [5]) von seiner Fahrt abfallend. [6]) schieds-richterlicher Entscheidung. [7]) umstauen. [8]) auf ein anderes Schiff verladen. [9]) war — hinderlich. [10]) Aussichten.

69.

Je m'empresse de vous prévenir, que votre navire le
Neptune a été saisi [1]), et qu'on y a mis un embargo. [2])
On présume qu'il y a des marchandises prohibées à bord.
Le capitaine vient de me remettre le manifeste [3]) de
la cargaison. Je n'y trouve rien qui puisse donner de
l'ombrage [4]) aux autorités. On a choisi un comité pour
veiller à la conservation du navire et de la cargaison.
Soyez donc tranquille.

En attendant les chargeurs me parlent de vouloir
annuller le fret de retour [5]) qu'ils avaient contracté, mais
j'espère leur faire entendre raison sur ce point.

Le démarrage [6]) accordé au capitaine est de 30 jours,
mais pour peu qu'il soit arrêté à mettre son chargement
à terre, je crains que nous ne soyons obligés de payer des
surrestaries [7]) aux affréteurs [8]). Ma prochaine vous fixera
à cet égard.

[1]) aufgebracht. [2]) unter Beschlag belegt. [3]) Manifest (Seefrachtbrief).
[4]) Argwohn. [5]) Rückfracht. [6]) Aufenthaltszeit. [7]) Ueberliegetage.
[8]) Befrachter.

Débarquement de marchandises.

70.

Votre lettre me confirme l'événement du navire la
Sophie, qui ayant fait eau [1]) devoit entrer dans le port
de Cadix, pour mettre son chargement à terre. Le capitaine
Barker est venu en ville à l'effet de toucher de l'argent
qui lui fallait pour parer [2]) aux frais de réparation et du
débarquement de la cargaison. Ses démarches à cet égard
se montraient inutiles, personne ne voulait fournir les fonds
qu'il demandait, ni même contre une lettre de grosse. [3])

4

Je crains donc qu'il ne soit obligé de vendre une partie de son chargement pour reprendre la mer. [4])

Si, par hazard, on voulait mettre à l'enchère [5]) la marchandise qui vous concerne, je serais un de plus offrants [6]) pour l'acquisition de votre propriété, mais il faut que de trop hauts prix n'y mettent point d'obstacles.

Nous ne pensons pas qu'on devra payer un nouveau droit de sortie, mais un retour de droits [7]) sera décidément refusé au réembarquement des effets.

[1]) Sel bekommen. [2]) bestreiten. [3]) Bodmereibrief. [4]) wieder in See geben. [5]) öffentlich versteigern. [6]) Meistbietende. [7]) Rückzoll.

Compte de vente — Avarie de sucres — Désastre.

72.

Nous nous référons à notre lettre du 2 nov. Depuis lors vos sucres ont été mis à l'enchère [1]), et c'était le seul moyen de s'en défaire [2]) passablement. En voici le compte de vente, qui donne pour net produit Fr. 12100. — valeur au 30 avril, dont nous vous avons crédité. Veuillez examiner le compte et y conformer vos écritures [3]), si nous allons d'accord.

Les renforts [4]) considérables à bord du navire l'Asia, a fait baisser sensiblement les prix de cette douceur. On a dressé [5]) les papiers qui doivent prouver l'avarie de vos sucres, et nous pensons qu'ils suffiront, pour obtenir le paiement de vos assureurs.

Le navire Orléans a été écarté de sa route [6]) et jeté à la côte [7]). Le capitaine Dompson s'est attiré ce désastre lui-même par l'exiguïté de ses connaissances nautiques [8]). Le navire est entré hier dans le port pour se faire radouber [9]). Il va à la consignation [10]) de Mr.

Louis Rainal de Cadix. Nous sommes invités à vous recommander particulièrement cette maison: l'étendue de ses affaires l'ont mise en rapport [11]) avec presque toutes les maisons américaines, ce qui l'a fait désirer d'entretenir une correspondance régulière avec votre place.

Nous avons l'honneur de vous saluer.

[1]) ber öffentlichen Verfteigerung übergeben. [2]) los zu werben, an Mann zu bringen. [3]) gleichlautenb (conform) buchen. [4]) Zufuhren. [5]) aus, gefertigt. [6]) auf feiner Fahrt verfchlagen. [7]) Rüfte. [8]) wegen feinen geringen nautifchen Renntniffen. [9]) ausbeffern. [10]) an bie Abreffe. [11]) in Verbinbung gebracht.

Retard d'un capitaine — Intention de consigner — Assurance contestée.

72

Encore toujours sans nouvelles du capitaine Guinault, je ne sais à quoi il tient qu'il tarde si longtemps à arriver. Je languis de lui remettre les 20 muids [1]) de vin, dont les droits de la réexportation [2]) sont bientôt expirés, et après ce terme on ne donne plus de licence de sortie. [3])

J'ai 20 caisses d'indigo, d'un beau format [4]), pas gris et d'une belle pâte [5]), que je me propose de vous consigner. J'y ajouterai aussi une vaingtaine de balles de laines, puisque vous en acceptez l'échange contre vos vins.

Nos assureurs ne remboursent les avaries particulières [7]) qu'autant qu'elles excèdent 5%, et comme le parère des experts [8]) n'a pas porté l'avarie de votre seigle [9]) au-dessus de ce chiffre, il n'y avait rien à réclamer chez eux.

[1]) Drhofft von 90 Viertel ober 288 pintes de Paris. [2]) Wieberausfuhr. [3]) freie Ausfuhr-Licenz. [4]) in fchönen Etücen. [5]) fchön in Bruch. [6]) Taufch. [7]) einfache Haverei. [8]) bas Gutachten ber Schiebsrichter. [9]) Weizen.

78.

Nous avons l'honneur de vous communiquer la nouvelle que le navire, les Deux Sœurs à destination du Havre, avait été obligé de relâcher [1]) à Gibraltar par suite d'une voie d'eau [2]) et jet à la mer [3]) qu'il avait fait pour s'y radouber. Une maison d'ici s'empressa de faire assurer de sortie de chez vous [4]) à Bordeaux, la somme de soixante mille francs sur facultés [5]) à bord du susdit bâtiment; et devait payer 5 % de prime aux assureurs, qui effrayés de l'événement leur donnaient des craintes, pour tous les autres navires à pareille destination.

Les primes d'assurance de sortie du port [6]), sont ordinairement peu basses dans cette saison, parce que la cargaison est toujours plus riche [7]), et que le navire ne se tire pas [8]) si vite du danger de la Manche pour entrer les grandes mers [9]), où il navigue [10]) avec moins de risque.

Quoique les primes d'assurance soient stipulées dans la police payables comptant, elles ne se paient jamais, suivant l'usage constant de la place, qu'après l'heureuse arrivée du navire à sa destination; à ce moyen [11]) elles se compensent toujours soit avec le paiement du sinistre [12]), soit de la perte sur la totalité de la somme assurée, et alors les assureurs paient la perte un mois après la notification de l'événement, ou les primes sont compensées [13]) avec le paiement des avaries, s'il y a lieu.

[1]) anlegen, einlaufen. [2]) eines Leckes. [3]) über Bord werfen. [4]) ab bort. [5]) Waaren. [6]) ab hier. [7]) lesbar. [8]) sich . . . bes Canals entzieht. [9]) in das große Weltmeer gelangen. [10]) segelt. [11]) auf diese Weise. [12]) Seeschaben. [13]) ausgeglichen.

74.

Nous avons l'honneur de vous réitérer que la suspension de paiements [1]) de Larive nous empêchait de nous livrer à aucune avance de fonds [2]) pour son compte; heureusement nous avons en mains le billet de relief [3]) que capitaine Gérard nous fit pour le montant de la différence du fret de la charte-partie [4]) d'Amsterdam à celui de la charte-partie de Marseille, et sa valeur nous couvrira pour notre commission et courtage, à moins que les affaires de Larive ne viennent à s'arranger et qu'il ne les acquitte lui-même avant l'arrivée de Gérard à Rouen, ainsi que le décompte [5]) de son fret à valoir sur lequel son billet est consenti.

[1]) Zahlungs-Einstellung. [2]) Geld-Vorschuß. [3]) Gegen-Verschreibung. [4]) Chartepartie (Befrachtungs-Vertrag). [5]) Abrechnung.

Connaissement — Ordre de faire assurer.

75.

J'ai honneur de vous remettre le connaissement [1]) de 30 boucauts de sucre terré [2]) que j'ai mis à bord du navire Wellington, capitaine Mauken, allant à la consignation de Mr. John Durham, qui accompagne le chargement. Je vous prie d'en effectuer l'assurance contre les risques de mer [3]) et de prise de navire [4]) pour la somme de Liv. 3000 sterl. et de m'envoyer la police. [5])

La cargaison est propriété américaine exportée [6]) de Salem (état de Massachusetts) pour un port quelconque de France. Mr. Durham est porteur de tous les papiers rélatifs à cette expédition, dont le produit net de la vente doit être versé [7]) entre vos mains.

[1]) Connossement, oder Verladungsschein. [2]) Rohzucker. [3]) Seegefahr. [4]) Aufhebung des Schiffes. [5]) Versicherungs-Police. [6]) abgegangen. [7]) bezahlt.

On nous mande de Honfleur: Le capitaine Dupont, du troismats la V i r g i n i e de 250 tonneaux, tirant 15 pieds d'eau, entré hier ici, et destiné pour le Havre, venant de la Pointe à Pitre, chargé de sucre et café. Ce navire entrainé par un vent forcé [1]) et courant sur un des bancs, à l'embouchure [2]) de la Seine, toucha, talonna [3]) et perdit son gouvernail. [4]) Ne pouvant se diriger [5]), il fut porté dans la baie [6]) et dépassa [7]) l'entrée du port. Aussitôt quelques barques et allèges [8]) du port, ainsi que le bateau à vapeur le T r i t o n, appareillèrent [9]) pour le remorquer [10]), mais inutilement; le temps était tout-à-fait contraire pour réussir. Il prit terre [11]) à la côte, de manière à donner les plus vives inquietudes pour le navire et sa cargaison. Enfin le temps devint plus calme, et le navire entra heureusement dans le port, où il va décharger [12]) en entier; il parait que les avaries qu'il a souffertes ne sont pas bien considérables, ce navire étant d'une construction très-solide.

Le capitaine s'estime heureux de se trouver ici; car s'il fût resté où il était échoué [13]), il aurait infailliblement fait naufrage corps et biens [14]); hier soir à la marée [15]) et cette nuit il a fait un temps épouvantable.

[1]) ftarfe Winbftöße. [2]) Münbung. [3]) ftoßen. [4]) Steuerruber. [5]) fich leiten. [6]) Bucht, [7]) überfchritt. [8]) Lichtfchiffe. [9]) gingen in See. [10]) bugfiren. [11]) es.faßte Boben. [12]) löfchen. [13]) geftranbet. [14]) mit Mann unb Maus untergegangen wäre. [15]) zur Fluthzeit.

Connaissement — Facture — Remboursement.

77.

Les duplicata de nos lettres du mois de mars ont accompagné le Pindor. Le chargement de la Trinité est complété; le bâtiment n'attend que le beau temps pour prendre la mer [1]). Nous lui souhaitons une prompte et heureuse traversée. [2])

Ci-inclus le connaissement en double, ainsi que la facture se montant à Dollars 12,000. —, que nous vous prions de coucher à notre crédit.

Nous tirons par contre sur vous, au change de $44\frac{1}{2}$ s.

L. 1800. — ⎫
  1012. 10 ⎬ à 6 mois de date, à notre ordre,

L. 2812. 10 S. sterl., qui balancent par appoint cette expédition après avoir accepté et payé au domicile de Mrs. Stewen & Co. à Londres les premières de change, que nous vous envoyons sous ce pli, pour en soigner la formalité réquise. Les effets à domicile [3]) n'étant guère négociables, vous nous obligerez de nous créditer à l'avenir sur Londres.

Notre port est encombré [4]) de navires, malgré cela les frets ne visent [5]) point à la baisse, nos magasins étant entassés [6]) de marchandises destinées pour l'exportation.

[1]) in See zu gehen. [2]) Ueberfahrt. [3]) domicilirte Wechsel. [4]) angefüllt. [5]) zielen. [6]) vollgestopft.

Echouement — Assurance faite — Chargement incomplet — Avis de colonies.

78.

Par votre lettre du 24 du passé, vous m'apprenez l'échouement [1]) du navire Edouard, qui a donné sur un rescif [2]) à la côte. Je plains sincèrement ce malheureux événement, dans lequel je ne suis point intéressé.

Les 20 colis par Pauline ont été assurés pour fr. 7000 contre tous risques jusqu'à la décharge ³) à Cadix, mais il en a fallu payer la prime énorme de 8 ⅜, parce que les hostilités avec l'Amérique ne tarderont pas à éclater. ⁴) Le nolis ⁵) monte tous les jours davantage, faute de navires dans la Méditerranée.

Votre brick Achille doit s'expédier le 30, et nous n'avons que les ²/₃ de son chargement à bord. Pour que nous n'ayons point de sursis ⁶) à payer, il faudrait nous permettre de charger encore 10 à 12 lastes pour votre compte, si toutes fois nous ne trouvons à nous remplir d'un autre coté.

D'après les avis de nos colonies, il parait qu'il y aura positivement déficit de récolte en sucre; la lacune ⁷) des arrivages et le faible approchement de notre place et des autres marchés de France, ont fait imprimer ici un élan de hausse à cet article.

La demande pour le coton ne reprend pas. Cependant la mise à terre de la cargaison Médicis, a excité quelques affaires, qui ont établi une amélioration sur les sortes des Indes.

Le mouvement ascensionnel ⁸) de l'huile de colza ⁹) s'est arrêté. Cependant Lille est encore venu en hausse à fr. 87.

---

¹) das Stranden. ²) Klippe. ³) Löschung, Auslabung. ⁴) loszubrechen. ⁵) Fracht. ⁶) Ueberliegetage (Verspätung in der rebungenen Verladung). ⁷) Mangel. ⁸) steigende Bewegung. ⁹) Rübesaamen.

Affrétements — Cote de primes.

79.

Nous avons devant nous votre lettre du 10 courant nous prévenant du départ [1]) de votre capitaine Tompson. Il serait bien à propos qu'il arrivât bientôt ici, afin de lui faire avoir un bon fret [2]) pour la Baltique [3]), puisque vous préférez cette destination à toute autre. Dans tous les cas nous lui reserverons nos marchandises pour Marseille.

La belle goëlette l'Anna, du port de 250 tonneaux [4]), doublée en cuivre clouée et chevillée [5]), reconnue d'une marche très-supérieure, partira pour Calcutta sous le commandement du capitaine Land. Le bâtiment ayant les trois quarts de son chargement arrêté, prendra le restant à fret. [6]). Des emménagements [7]) spacieux et commodes, lui permettent de prendre des passagers, qui seront parfaitement logés et nourris.

[1]) Abreise. [2]) Fracht. [3]) Ostsee. [4]) Tonnen Gehalt. [5]) mit Kupfer beschlagen und gut gefielt. [6]) in Fracht. [7]) Einrichtungen (im Schiffe).

Contestation avec des assureurs — Chargement — Nouvelles d'Amérique.

80.

Nous attendons avec impatience les titres [1]) à faire valoir contre les assureurs de la cargaison Léontine. Une procuration par devant notaire nous est également nécessaire, car il parait que nous avons à faire à des chicaneurs, qui persistent à nous contester [2]) l'avarie grosse [3]). On prétend que vos cafés étaient arrimés [4]) dans une partie du navire, la plus exposée à une avarie, et dans ce cas il n'y aurait point de réclamations à faire. Veuillez nous dire si vous consentez à mettre cette affaire en compromis. [5])

Je chargerai votre brigantine la Victoire d'un grénier [6]) de bois Campêche et de 20 saumons de plomb [7]), puisque la prolongation d'entrepôt de ces deux articles va expirer le 24 du prochain. Le capitaine n'a pas encore la moitié de son fret à bord; les chargeurs [8]) y mettent une lenteur insupportable. Au reste les affaires sont mortes, et l'argent ne roule pas comme autrefois; nous ne savons à quoi il s'accroche. [9])

Les dernières nouvelles des Etats-Unis, semblent annoncer que des lingots [10]) vont être demandés à l'Europe pour être expédiés en Amérique. Les bonnes traites peuvent être escomptées à 7 $\frac{0}{0}$. Quelques banques ont fait des achats considérables au taux d'achat [11]); elles obtiendront des retours d'espèces [12]) au-dessous du pair. Les changes à l'intérieur n'ont varié que sur Philadelphie. L'or américain est à 3 $\frac{0}{0}$ de prime.

[1]) Papiere, Documente. [2]) ftreitig machen. [3]) große Haverei. [4]) gestaut. [5]) Compromiß (Schiedsgericht). [6]) (offene) Labung. [7]) Blodblei. [8]) Befrachter. [9]) anhält. [10]) Gold- und Silber-Barren. [11]) Einfaufspreis. [12]) Rückfenbungen in Waaren.

Touchant une consignation — Commission.

81.

J'ai reçu votre lettre du 3, sous le pli de laquelle était le connaissement de la cargaison de chanvre à ma consignation, par le navire Demidoff, qui est arrivé hier dans notre rivière. Le moment n'étant pas propice pour le placement de cet article, votre capitaine fait compte [1]) de repartir pour Rotterdam, où je lui souhaite une meilleure rencontre. Dans tous les cas un retour en huile d'olive n'aurait pu s'effectuer, parce qu'on fait les ordres de livraison [1]) courant du mois à fr. 120 et vous m'avez restreint [3]) à 117. En disponibles [4]) on a payé des Espagnes, des Pouille et des Metelin à fr. 122. On tenait 123 et 124, mais ces prétentions n'ont pu se réaliser, le bâtiment Louis le Grand n'ayant apporté aucune modification à la cote précédente.

Vous fixez mon attention sur l'huile de chenevis [*]), m'invitant à une spéculation qui paraît présenter des chances très-avantageuses. Je partage cette opinion, de manière que j'accepterai les 500 barriques en première qualité, pouvant opérer à 16 roubles le quintal, et réduisant votre provision d'achat à $1\frac{1}{2}$ °/₀. — Vous fournirez, au surplus, la moitié du montant de votre facture sur Londres, et non les $^2/_3$, ainsi que vous l'avez pratiqué jusqu' ici. Quant à l'autre moitié, je desirerais que vous prissiez en échange [5]) du sucre ou d'autre marchandise courante, dont je vous coterais les prix de la bourse sans provision de ma part. Cette proposition n'est cependant pas de rigueur, pourvu que vous puissiez remplir les autres clauses. [6]) — L'envoi de ces huiles devra se faire à Mr. Louis Fries de Lubec, que je chargerai de l'assurance.

Les affaires commencent à se dessiner [7]) sur les cuirs fabriqués [8]), et l'article est décidémment mieux tenu.

---

[1]) rechnet. [2]) Lieferungsaufträge. [3]) beschränkt, limitirt. [4]) disponible Waare. [*]) Hanföl. [5]) Tausch. [6]) Bedingnisse. [7]) sich entwickeln. [8]) gegerbte Häute.

Achats — Arrivée de divers chargements — Cours de marchandises.

82.

On a traité en bloc [1]) la cargaison de Poland, de 750 balles coton Georgie, petit courant et bon ord. à fr. 93. Plusieurs acheteurs étrangers ont paru au marché; ils ont soutenu la demande, et, en résumé, nous avons une amélioration de fr. 1. 50 à constater sur presque toutes les sortes des Etats-Unis. On y continue à charger pour l'Europe. Le Lafayette et le Bolivar, avaient été mis en charge pour ici; le fret se payait 2⅜. Les navires étaient toujours rares, et on avait affrété, par anticipation, le Mozart, qui était attendu.

Les achats à livrer soutiennent le cours des huiles de baleine [2]). Il s'est fait 100 milliers, par deux navires, à livrer à la bonne arrivée à fr. 40. — Le Roland est rentré de la pêche avec 1000 barils d'huile. Ce chargement, qui se trouvait encore invendu, s'est traité dès l'arrivée du navire à fr. 40. — De Hambourg: il a été importé 1350 billes acajou, provenant de sauvetage [3]) de la Durance. — De Londres: 2000 plaques zinc [4]), 18 futs nacre, un grenier cornes, 40 barils arsenic, et 6 futs sulfate de potasse.

Nos indigos se cotent comme suit: Bengale, cuivré ordinaire et bas, fr. 8. 50 bon violet et pourpré [5]), pâte pleine fr. 10, violet rouge lourd fr. 9, violet bleu avec peu de grabeau [6]) fr. 9. 50.

Quant aux cafés, nous ne sommes point encore au niveau des entrepôts étrangers; par contre notre place abonde [7]) de sucres.

[1]) im Ganzen, überhaupt abschließen. [2]) Wallfisch-Thran. [3]) Bergung (gestrandete Waaren). [4]) Blöde Zint. [5]) feuerrother. [6]) Bruch. [7]) überfüllt ist . . .

Plusieurs désastres par mer.

83.

Répondant à votre lettre du 15 courant, j'ai tout lieu d'être surpris que vous trouviez trop élevé la prime de 8⅝, que j'ai payés, pour couvrir les risques de vos 20 boucauts de sucre. Cette stipulation est au contraire très-modérée, lorsqu'il s'agit d'un voyage vers les contrées Septentrionales dans une saison où l'on navigue ¹) avec tant de périls. —

Voilà encore le bâtiment l'Isidore qui est sur le rivage ²). on espère cependant le remettre à flot ³) sans avarie.

La galiotte française l'Emilie a coulé bas ⁴) près Cette. — Le Nestor a essayé un coup de vent dans la Manche. On craint encore d'autres désastres au large.⁵) — Le long retard de votre capitaine Guillaume ne présage rien de bon non-plus; malgré cela l'abandon de son navire ne saurait se faire avant de connaître ce qu'il est devenu.

Le brick russe le Yoloff chassa plusieurs jours sur ses ancres ⁶); hier il entra dans le port démâté ⁷) et rémorqué ⁸) par une barque de pilote ⁹). Le navire a sa quille ¹⁰), son étrave ¹¹), son étambot ¹²) et son petit fond très-endommagés, et le capitaine va prendre ses dispositions pour le faire réparer. La cargaison est dans les magasins de la marine. Enfin les sinistres sont innombrables et personne ne veut pour le moment signer des risques nouveaux.

J'ai honneur d'être etc.

---

¹) fegelt. ²) auf bem Stranb. ³) wieber flott machen. ⁴) gefunten, untergegangen. ⁵) auf hoher See. ⁶) schleppte seine Anker nach. ⁷) entmastet. ⁸) bugsirt. ⁹) Lothsenbarke. ¹⁰) Kiel. ¹¹) Vorbersteven. ¹²) Hinterfteven.

Pièces de comptabilité.

Mandat.

A quinze jours de date, je prie Monsieur Gaudet de payer le montant de cinq cents francs à l'ordre de Monsieur Zenotti, et d'en débiter mon compte suivant avis

Strasbourg. le 15. Octobre 1861.　　　N. Portalet.

Quittance.

Bon pour Francs 800.50.

Nous avons reçu de Messieurs Fichet & Denis de cette ville, payant par ordre et pour compte de Messieurs Lorman frères de Rouen, huit cents francs et cinquante centimes, pour solde de ce que ceux-ci nous doivent. Dont quittance par duplicata.

Paris, le 30. Septembre 1861.　　　Bonjean & Cie.

Promesse.

Bon pour Fr. 6000.

Le 15 juillet prochain, je paierai à mon domicile, à Monsieur Pinet, ou à son ordre, six mille francs, valeur reçue en marchandises.

Avignon, le 12 Mars 1862.　　　F. Lemare.

Compte de retour.

Compte de retour à une traite de deux mille francs, tirée par Charles Lamay de Lunel, échue le 10 février, protestée faute de paiement, savoir:

Capital	fr.	2000. —
Protêt	»	10. 50
Timbre du présent et de la retraite .	»	2. —
Courtage et certificat $\frac{1}{4}$ °/₀ . . .	»	5. —
Commission $\frac{1}{2}$ °/₀	»	10. —
Ports de lettres	»	2. 50
	fr.	2030. —
Perte à la négociation de la retraite à 1 °/₀		20. —
	fr.	2050. —

De laquelle somme de deux mille cinquante francs, je me suis remboursé sur Messieurs frères Dumont à Lyon, en ma traite de ce jour, payable à vue, à l'ordre de Mr. Jean Fabre de cette ville.

Cette, le 12. février 1862.

A. L. Frimont.

Je soussigné, agent de change à Cette, certifie avoir négocié à Mr. J. F. à 1 $\frac{2}{8}$ de perte, la retraite désignée au compte de retour ci-dessus.

Cette, le . . . 1862.

F. D . . .

––––––––––

Lettres de change.

Première de change.   Paris, le 10 Août 1861.

Bon pour francs 2000.

A trois mois de date, payez par cette première de change, à l'ordre de Messieurs Lemoine et Comp., la somme

de deux mille francs, valeur en compte, que passerez
suivant l'avis de

F. Dupuis.

Monsieur D. Pons à Lyon.

Seconde de change.   Paris, le 20 Août 1861.

Bon pour francs 1000.

Fin octobre prochain, payez par cette seconde de
change, (la première ne l'étant) à mon ordre, la somme de
mille francs. Valeur en moi-même, que passerez suivant
notre avis.

Fichet frères.

Messieurs Soulier & C. à Lunel,
  payables dans Montpellier.

La première à l'acceptation chez Mr. N. Renaud
  où au besoin à Mr. Louis Ferrand à Montpellier.

Endossement.

Payez à l'ordre de Monsieur Allier, valeur reçue
comptant (ou valeur en compte).

Paris, le 4. Septembre 1861.   Fichet frères.

Billet à ordre.

A six mois de date je paierai à Mr. F. Manlot ou
ordre, la somme de cinq cent florins courants. Valeur
reçue en marchandises.

Prague, le 20 Octobre 1861.   G. Manthey.

Deutsche Briefe.

Circulare.

Neues Etablissement.

1.

Ich habe soeben auf hiesigem Platze mit Bewilligung der betreffenden Behörde ein Commissionsgeschäft unter der Firma:

Julius Anton Vial

errichtet.

Ich werde mich hauptsächlich mit dem Einkaufe hiesiger Handelsprodukte für Rechnung derjenigen Freunde beschäftigen, die mich mit ihrem Zutrauen beehren.

Indem ich Sie von meinem Etablissement in Kenntniß setze, bitte ich meine Unterschrift vorzumerken und dieser allein Glauben beizumessen.

Ich verbleibe mit aller Hochachtung ergebenst *)

Julius Anton Vial.

---

*) Die Schluß-Complimente in den französischen Briefen sind gewöhnlich folgende: Agréez, je vous prie, l'assurance de ma parfaite considération. Agréez, Monsieur, l'assurance de mon sincère dévouement. — Veuillez agréer l'assurance de mon sincère dévouement. — Agréez avec l'assurance de mon dévouement mes civilités empressées. — J'ai l'honneur d'être avec la considération la plus distinguée. — Recevez, Messieurs, mes salutations les plus affectueuses.

Weniger cérémoniös: Je vous présente mes salutations bien cordiales. J'ai l'honneur de vous présenter mes civilités. — Je vous salue de coeur, très-sincèrement, très-affectueusement. — Agréez, mes sincères salutations oder nos salutations empressées. — J'ai l'honneur de vous saluer. — Vos dévoués etc.

Firma, raison, f.

Errichten, établir.

Bewilligung, approbation.

Betreffende Behörde, autorités competentes.

Commissionsgeschäft, maison de commission.

Landesproducte, productions du pays.

Beehren, vouloir honorer (fut.)

In Kenntniß setzen, faire part.

Vormerken, prendre note.

Glauben beimessen, ajouter foi à (schenken).

Unterschrift, signature, f.

Association.

2.

Ich beehre mich, Ihnen hiemit ergebenst anzuzeigen, daß ich auf hiesigem Platze eine

Drogueriehandlung

errichtet habe.

Vieljährige Erfahrungen in dieser Branche und hinlängliches Capital setzen mich in den Stand Ihr gütiges Vertrauen, um welches ich angelegentlichst bitte, in jeder Hinsicht zu rechtfertigen.

Gleichzeitig benachrichtige ich Sie, daß ich Herrn Joseph Flach als Theilhaber in mein Geschäft aufgenommen habe, welches wir vereint für gemeinschaftliche Rechnung betreiben werden.

Belieben (veuillez) Sie von unseren Unterschriften gefällige Vormerkung zu nehmen, mit der Versicherung unserer ausgezeichneten Hochachtung.

Friedrich Blum,

welcher zeichnet: F. Blum u. Comp.

Herr Joseph Flach wird zeichnen: F. Blum u. Comp.

Beehren, avoir l'honneur.

Drogueriehandlung, maison de droguérie.

Vieljährig, de longues années.

Rechtfertigen, justifier.

Gleichzeitig, en même temps.

Aufnehmen, admettre.

Vereint, conjointement.

Gemeinschaftlich, commun.

Circularschreiben.

8.

Nachdem wir 10 Jahre als Theilhaber in dem schätzbaren Hause des Herrn Friedrich Reblon dahier gearbeitet haben, entschließen wir uns auf hiesigem (cette) Platze ein eigenes Geschäft unter der Firma:

D. Morland u. Comp.

zu errichten.

Wenn auch diese Trennung von (d'avec) unserm ehemaligen Chef uns schmerzlich fällt, haben wir doch wenigstens die Befriedigung uns dessen Wohlwollen und (son) Freundschaft erhalten zu haben.

Wir beschäftigen uns ausschließlich mit Bankgeschäften. Außer (outre) unsern eigenen Mitteln haben wir eine Commandite von **drei Mal hundert tausend Franken**, die uns theils von unseren Freunden, den Herren Geb. Fichet in Lyon, theils von unseren Verwandten, den Herren Bonnet und Comp. in derselben Stadt gemacht wird.

Eine Abschrift (extrait) unseres Societäts-Vertrags ist in der Handelsgerichts-Kanzlei niedergelegt worden. Nachstehend finden Sie unsere gegenseitigen (respectives) Unterschriften, denen wir Sie ersuchen allen Glauben beizumessen.

Genehmigen Sie, unter höflicher Anerbietung unserer Dienste, die Versicherung unserer vollkommenen Ergebenheit.

Nachdem wir gearbeitet haben, après avoir travaillé pendant.
Theilhaber, intéressés.
Sich entschließen, se déterminer à.
Eigenes Geschäft, maison de commerce.
Errichten, former.
Wenn auch uns schmerzlich fällt, si... est pénible pour nous.
Erhalten zu haben, de conserver.
Bankgeschäfte, affaires de banque.
Die uns gemacht wird, qui nous est fournie.

Niederlegen, déposer.
Societäts-Vertrag, acte de société.
Handelsgerichts-Kanzlei, le greffe du tribunal de commerce.
Nachstehend finden Sie, vous avez ci-après.
Denen allein, auxquelles seules.
Genehmigen Sie, daignez agréer.
Höfliche Anerbietung, l'offre empressée.

Geschäfts-Uebernahme.

4.

Wir haben die Ehre, Ihnen anzuzeigen, daß wir nach getroffener Uebereinkunft mit unserem Onkel, dem Herrn Didier, vom heutigen Tage an die Leitung und Führung seiner Speditionshandlung übernommen haben.

Sonstige Veränderung fällt keine vor; derselbe Name erlaubt uns dieselbe Handlungs-Firma beizubehalten, jedoch nunmehr (désormais) für unsere eigene Rechnung.

Die in der Stadt La Rochelle errichtete Eilfuhr werden wir fortbestehen lassen, und erneuern Ihnen unsere Dienstanerbietungen für alle Ihre Versendungen nach Orleans, Nantes und der ganzen Bretagne, Troyes, Dijon, Lyon und allen angränzenden Städten.

Belieben Sie von unseren Unterschriften Vormerkung zu nehmen, und empfangen Sie die Versicherung unserer Hochachtung und Ergebenheit.

Nach getroffener Uebereinkunft, par arrangement pris.

Vom heutigen Tage an, à partir de ce jour.

Die Leitung und Führung, la conduite et la gestion.

Spebitions = Handlung, maison de roulage.

Uebernehmen, se charger de.

Sonstige Veränderung fällt keine vor, au reste rien n'est changé.

Die errichtete Eilfuhr in, le roulage accéléré établi sur.

Fortbestehen lassen, continuer d'exploiter.

Angränzenden, adjacentes.

Ableben eines Sohnes.

6.

Indem ich Ihnen von dem so eben erlittenen schmerzvollen Verluste in der Person meines Sohnes Anton Leplanche Nachricht ertheile, beeile ich mich Ihnen zu berichten, daß dieses traurige Ereigniß keine Aenderung in dem Operationsgange des Hauses hervorbringen wird.

Als Universalerbe meines Sohnes werde ich alle mit seinen Correspondenten eingegangenen Verbindlichkeiten erfüllen. Die Geschäfte (les affaires) werde ich auf demselben Fuße beibehalten, und bitte um die Fortsetzung unserer Verbindung (rapports).

Da mir die übrigen Beschäftigungen nicht wohl gestatten meine volle Zeit der Handlung zu widmen (donner), so sehe ich mich genöthigt, um die Geschäftsbesorgung nicht aufzuhalten, mich zu diesem Zwecke (partie) unterstützen zu lassen: ich habe mithin dem Herrn Viennet, der Geschäftserfahrung besitzt, und dessen frühere ehrenvolle Leistungen volles Zutrauen einflößen, eine specielle Vollmacht ertheilt. Haben Sie also die Güte seine Unterschrift vorzumerken, um derselben (y), gleich (comme) der meinigen, Glauben zu schenken.

J. P. Leplanche.

Herr Viennet wird zeichnen:

Nachricht ertheilen, faire part.

Berichten, faire connaître.

Keine Aenderung hervorbringen, n'apporter aucun changement à.

Als Universalerbe, légataire universel.

Eingegangen, qu'il a contractés.

Beibehalten, continuer à maintenir.

Ich bitte um, je sollicite de vous.

Sich genöthigt sehen, être dans la nécessité.

Geschäfts-Besorgung, l'expédition des affaires.

Nicht aufzuhalten, n'apporter aucun retard.

Ich habe ertheilt, j'ai donné à cet effet.

Der Geschäfts-Erfahrung besitzt, qui a l'expérience des affaires.

Dessen frühere ehrenvolle Leistungen, dont les antécédents honorables.

Haben Sie die Güte sich zu merken, veuillez prendre note.

Trennung eines Associé.

G.

Nach einem dreißigjährigen Verbleiben (séjour) in meinem Hause, in welchem mein Neffe, Herr Defour, die letzten 20 Jahre als Associé zu unserer vollkommenen beiderseitigen Zufrieden= heit thätig war, hat derselbe einen Wohlstand (aisance) dabei erlangt, der, seinem Ehrgeize genügend, ihm erlaubt, denselben ruhig in der Schweiz, bei seiner Familie zu genießen. Die= ser Beweggrund ist zu natürlich und achtungswerth, als daß ich dagegen auftreten könnte, daher ich Ihnen mit dem lebhafte= sten und aufrichtigsten Bedauern melde, daß von heute an seine Betheiligung zwar erloschen, aber keineswegs (non) die Gefühle der Achtung und Zuneigung, welche in einem so langen Zeitraume stets die Grundlage und Annehmlichkeit un= serer Verbindungen (rapports) bildeten und zu den erfolgreichen Resultaten mit beigetragen haben.

Sie kennen meine und meines Sohnes Unterschrift: es sind die einzigen jetzt bestehenden, denen sie Glauben schenken und Sie oft in den Fall setzen mögen, Ihnen die Gefühle der Hochachtung und Ergebenheit zu beweisen, mit welchen wir Beide die Ehre haben zu verbleiben —

Als Associé, en qualité d'associé — signataire.

Vollkommenen beiderseitigen, entière et réciproque.

Genügend, suffisant à.

Genießen, d'en aller jouir.

Dagegen auftreten, le combattre.

Daher ich ihnen melde, et c'est... que je viens vous annoncer.

Zwar erloschen, cesse d'exister.

Den er gehabt, qu'il y avait.

Zeitraum, espace de temps.

Stets ausgemacht, ont constamment fait.

Zu den erfolgreichen Resultaten, au succès de leurs résultats.

Es sind die einzigen, ce sont les seules qui existent maintenant.

Denen Sie wollen, auxquelles je vous prie.

Wir Beide, lui et moi.

Creditbrief.

7.

Dieser Brief wird Ihnen durch Herrn Julius Denis, den wir Ihrer gefälligen (obligeante) Aufmerksamkeit besonders empfehlen, übergeben werden.

Wir ersuchen Sie demselben die Summe bis zum Belauf von Zweitausend Franken unter (sous) Abzug Ihrer Spesen gegen doppelte Scheine auszubezahlen, von denen Sie uns einen übermachen (adresser), nachdem (en) Sie Ihre Erholung nach (à) Sicht auf uns selbst entnommen haben.

Auf der Rückseite des gegenwärtigen Briefes belieben Sie Ihre Zahlungen zu bemerken.

Empfangen Sie zum Voraus unseren aufrichtigen Dank für die gütige Theilnahme (égards) an unserem Empfohlenen mit der Versicherung der vorzüglichsten Ergebenheit.

Uebergeben werden, être présentée.
Bis zum Belauf, jusqu'à la concurrence.
Abzug, déduction.
Doppelte Scheine, quittances ou reçus en double.

Auf der Rückseite, au dos.
Bemerken, faire l'annotation.
Der Empfohlene, le recommandé.
Ergebenheit, le dévouement.
Versicherung, l'assurance.

Creditbrief.

8.

Herr William Burn von Edinburg ist gesonnen Ihre Gegenden zu bereisen (visiter) und hat uns gebeten, ihm einen Credit von Zweihundert Pfund Sterling bei einem dortigen Hause anzuweisen.

Zu diesem Ende (effet) übergaben wir diesem Freunde einen Creditbrief, 6 Monat gültig, (valable) auf Sie, und bitten jene Summe für unsere Rechnung an ihn auszubezahlen, nachdem Sie seine, auf dem inliegendem Blatte verzeichnete Handschrift übereinstimmend (conforme) gefunden haben.

Wir haben die Ehre ergebenst zu verbleiben.

Gegenden, contrées, f.

Gesonnen, avoir l'intention.

Anweisen, assigner.

Blatt, bulletin.

Handschrift, modèle de son écriture.

Bezeichnet, désigné.

Creditbrief.

8.

Nach Bestätigung meines gestrigen Briefes überreiche ich Ihnen hiermit die Handschrift des Herrn Georg Bouquet, dem ich einen Creditbrief auf Sie von Fr. 3000 übergeben habe. Er bedarf diese Summe zur Erleichterung der auf dortiger Messe zu machenden Einkäufe.

Haben Sie die Güte von dem Betrage dieses Credits, wie von der Unterschrift meines Empfohlenen Vormerkung zu nehmen, damit derselbe auf (sur) sein Begehren die verlangten Fonds gegen Handschein beziehen könne, wovon Sie mir die Copie unter Belastung Ihrer Vorschüsse einzusenden belieben.

Mit aller Ergebenheit verbleibend.

Auf Sie, à votre adresse.

Zur Erleichterung, à l'effet de lui faciliter.

Gegen Handschein, contre un reçu de sa main.

Die angesprochene, qu'il réclame.

Unter Belastung, en me débitant.

Vorschüsse, avances.

Creditbrief.

10.

Mein Reisender, Herr Johann Michot, ist der Ueberbringer meines Creditbriefes auf Sie, im Belaufe von zwanzig tausend Franken. Ich ersuche Sie ihm solche (les) nach dem Maßstabe seines Bedarfs gegen doppelte Bescheinigung auszuzahlen (compter). Sie werden mir diese einschicken, sobald Sie die an ihn gezahlten Beträge auf mich entnommen haben, denen Sie den Platzverlust und Ihre Provision ꝛc. beifügen wollen.

Herr Michot, wie es sein Reisepaß bezeugt, ist ein Mann von 26 Jahren, 5 Fuß zwei Zoll groß, rundes Gesicht, Habichtsnase, schwarze Augen und kastanienbraune Haare.

Indem ich auf Ihre Pünktlichkeit baue meinem Gesuche zu entsprechen, habe ich die Ehre mit vollkommener Hochachtung zu verbleiben.

Reisender, commis-voyageur.
Im Belaufe, de la somme.
Nach Maßgabe seines Bedarfs, à mesure qu'il en aura besoin.
Gegen doppelte Bescheinigung, sur ses récépissés en double.
Sobald Sie entnommen haben, en tirant.

Die an ihn gezahlten Beträge, les sommes que vous lui aurez comptées.
Bezeugen, attester.
Groß, taille de
Bauen, se reposer sur.
Entsprechen, déférer à.

Credit-Eröffnung.

11.

Gegenwärtiges Schreiben (la présente) wird Ihnen durch Herrn F. Wilson, einen jungen Mann von sehr guter Familie in London, den seine Eltern verschiedene Theile (contrées) Europa's bereisen lassen, überreicht werden. Sie haben denselben mit der Bitte an uns adressirt, daß wir ihn mit Empfehlungs

briefen auf mehrere (differentes) Pläße Frankreichs, Deutsch-
lands und Italiens versehen möchten.   Da er die Absicht hegt,
sich von hier direct nach Ihrem Plaße zu begeben, so glauben wir nichts Besseres thun zu können, als denselben an Sie
zu empfehlen.

Haben Sie also die Güte Herrn F. Wilson während seines
dortigen Aufenthaltes nüßlich und angenehm zu sein und ihn
die benöthigten Gelder bis zum Belaufe von fünftausend
Franken vorzuschießen.   Bei Uebermachung eines seiner
Scheine können Sie sich auf kurze Sicht auf uns erholen. Seine
Unterschrift belieben Sie mit jener zu vergleichen, die wir
Ihnen mit der Post zusenden werden.

Bereisen lassen, faire voyager.	Die benöthigten Gelder, tout l'argent, dont il pourra avoir besoin.
Daß wir ihn versehen möchten, de le munir.	Verschießen, fournir.
Da er die Absicht hegt, son dessin étant.	Bei Uebermachung, en nous faisant passer.
Direct, directement.	Sich erholen, se rembourser.
Während seines dortigen Aufenthalts, pendant le séjour qu'il doit faire dans votre ville.	Kurze Sicht, à courts jours.
	Belieben Sie zu vergleichen, vous aurez la complaisance de confronter.

Empfehlungsbrief.

13.

Ich nehme mir die Freiheit den Inhaber (porteur) dieses Schreibens, Herrn F. Durand, der in Geschäften der
Herren Gebrüder Manso in Frankfurt reist, bei Ihnen ein-
zuführen.

Sie werden mich sehr verbinden, wenn Sie denselben
mit einer geneigten Aufnahme beehren und ihm alle Dienste
leisten, die er von Ihrer Güte (obligeance) in Anspruch
nehmen dürfte.

Dagegen (par contre) werden Sie mich geneigt finden, Ihnen bei jeder Gelegenheit zu nützen, wenn immer Sie für gut erachten, sich meiner Dienste zu bedienen.

Bei ihnen einzuführen, d'introduire près de vous.	In Anspruch nehmen, réclamer.
Wenn Sie denselben beehren, de l'honorer.	Für gut erachten, juger à propos.
	Dienste, ministère.

Empfehlungsbrief.

13.

Der Ueberbringer dieses ist unser Bruder Ludwig Anton Günther, den wir so frei sind Ihrer gütigen Aufnahme zu empfehlen.

Derselbe hat früher (d'abord) in mehreren angesehenen Handlungshäusern und zuletzt in dem der Herren Gebrüder Funke in Amsterdam conditionirt; da er aber diesen Platz verlassen, so sucht er jetzt zur Erweiterung seiner Kenntnisse ein anderes Engagement.

Wir können denselben als einen brauchbaren (bon) Arbeiter empfehlen, und es würde uns äußerst angenehm sein, wenn (que) Sie vielleicht selbst Anlaß fänden, ihn auf Ihrem Comptoir zu verwenden, oder wenigstens die Güte haben wollten ihm durch Ihr gefälliges Bemühen zur Erreichung seiner Absichten behülflich zu sein.

Uns schmeichelnd, Sie werden auf die eine oder andere Art unserer Bitte willfahren, sagen wir Ihnen im Voraus unsern wärmsten (vifs) Dank und sind mit Vergnügen zu allen Gegendiensten bereit.

Gütige Aufnahme, bon accueil.

Angesehene Handlungshäuser, maisons de marque.

Zuletzt, plus tard.

Zur Erweiterung, pour mieux fixer.

Anlaß finden, trouver occasion.

Sich seiner bedienen, l'employer.

Auf Ihrem Comptoir, dans vos bureaux.

Gefälliges Bemühen, recommandation.

Zur Erreichung seiner Absichten, pour atteindre son but.

Unserer Bitte willfahren, déférer à notre demande.

Dank sagen, faire des remerciments.

Zu allen Gegendiensten, à la réciprocité de nos services.

In Betreff eines Accreditivs.

14.

Von dem Herrn D. Frimont in Lüttich habe ich eine Weinbestellung in Händen, begleitet mit einem Rembours auf Sie, in Betrag von circa Fr. 7500. Bevor ich sie jedoch vollziehe (avant d'opérer), liegt es mir daran über den Werth (validité) dieses Accreditivs (crédit) genau unterrichtet zu werden, denn wo es Ziehungen betrifft bin ich außerordentlich vorsichtig, besonders bei einem ersten Geschäfte, wie das mir von Herrn Frimont zugekommene.

Sie werden mich also sehr verbinden, wenn Sie meiner Anfrage sogleich nach Lesung des gegenwärtigen Schreibens (présente) entsprechen wollten.

Daran liegen, importer.

Genau unterrichtet werden, d'être fixé.

Wo es Ziehungen betrifft, en fait de tirages.

Wie das mir zugekommene ist, comme celle, qui m'est venue.

Wenn Sie entsprechen wollten, de satisfaire à.

Antwort.

15

Ich bin erstaunt, wie (que) Sie Herr D. Frimont in Lüttich bei mir accreditiren konnte, da ich seit langer Zeit allen Geschäftsverkehr mit demselben abgebrochen habe.

Dieses Haus, so solid es auch war, hält sich nur schwach auf den Füßen und besitzt kaum so viel Delicatesse, als es die äußerste Pflicht gebietet.

Benützen Sie diesen freundschaftlichen Wink (avis) mit Vorsicht, und genehmigen Sie die Versicherung meiner vollkommenen Ergebenheit.

Geschäftsverkehr, liaison d'affaires.   Als es die äußerste Pflicht gebietet,
Sich schwach auf den Füßen halten,   que la convenance l'exige.
marcher d'un pas chancelant.

Anfrage über ein Haus.

16.

Eine gewisse dortige Drogueriehandlung unter dem Namen (nommée) Flint u. C., hat mir soeben wegen eines Participationsgeschäftes Eröffnungen gemacht, das wenigstens meinerseits eine Betheiligung von Fr. 20,000 erfordert, für die ich nur eine schwache Gewährschaft haben würde. Es ist also höchst nothwendig (urgent), daß ich wegen (sur) des zu bewilligenden Credits, wie über die Moralität dieses Hauses genau unterrichtet werde. Suchen Sie, ich bitte Sie darum, mich über diesen Punkt bestmöglichst ohne den geringsten Verzug aufzuklären; ich mache mich dagegen verbindlich Ihnen ähnliche und andere Dienste zu leisten, die von mir abhängen werden.

Indem ich Ihnen zum Voraus für Ihre Gefälligkeit danke, habe ich die Ehre achtungsvoll zu verbleiben.

Eröffnungen, ouverture d'affaires.

Participationsgeschäft, compte en participation.

Erfordern, exiger.

Geldvorlage, une mise de fonds.

Bewilligen, à accorder.

Genau, d'une manière positive.

Unterrichtet werden, être fixé.

Aufklären, éclaircir.

Von mir abhängen, de ma dépendance.

Antwort.

17.

In Erwiderung auf Ihr geehrtes Schreiben vom 24. v. Monats, kann ich Ihnen nur eine sehr vortheilhafte Schilderung von dem Hause Flint u. Comp. machen. An der Spitze (tête) der Geschäfte befinden sich zwei Männer, die eben so sehr durch ihre Rechtlichkeit und Kenntnisse, als durch ihre Thätigkeit, Ordnungsliebe und Einsicht bekannt sind. Außerdem besitzen sie bedeutende Mittel zu ihrer Verfügung.

Ich glaube mithin, daß Sie ihnen wohl einen Credit von Fr. 4000 eröffnen dürften, ohne daß jedoch (toutesfois) dieser vertrauliche Bericht auf irgend eine Weise (aucunement) verbindlich (obligatoire) für mich wäre.

Auf Ihr geehrtes Schreiben, à la lettre dont vous avez bien voulu me favoriser en date.

Schilderung, peinture.

Die bekannt sind, connus

Eben so sehr auch, autant par.

Ordnungsliebe, esprit d'ordre.

Einsicht, intelligence.

Mittel, un fond.

Vertrauliche Bericht, avis confidentiel.

Erkundigungsbrief.

18.

Wir sind heute so frei Ihre Güte neuerdings in Anspruch zu nehmen, indem wir Sie ersuchen, uns über die Stellung (situation) des unten bemerkten Hauses und seine Art zu arbeiten, genaue Auskunft zu geben.

Seit Kurzem etablirt, verlangt es soeben einen Credit von uns, den wir selbst bestimmen (fixer) sollen.

Die eingezogenen Erkundigungen über besagtes Haus, das sich übrigens auf die vorzüglichsten Firmen bezieht, flößten uns schon ein gewisses Zutrauen ein; indessen wäre es uns doch angenehm, Ihre Meinung in der Sache zu vernehmen.

Sie können auf den bescheidensten Gebrauch in Betreff der uns zu gebenden Mittheilungen rechnen, und wir bieten Ihnen auch unsere Dienste in allen Fällen, wo sie Ihnen nützlich sein können, bereitwillig dagegen an.

In Anspruch nehmen, d'avoir . . . recours.

Bemerken, désigner.

Genaue Auskunft, des renseignements exacts.

Erkundigungen einziehen, prendre des informations.

Sich beziehen, s'en rapporter à.

Einflößen, inspirer . . en elle.

Angenehm sein, être charmé.

In der Sache, pour cet objet.

Der bescheidenste Gebrauch, la plus grande discrétion.

In Betreff, relativement.

Der uns zu gebenden Mittheilungen, aux éclaircissements que vous voudrez nous faire parvenir.

Antwort.

19.

Ich mache mir ein Vergnügen dem Inhalte Ihres Werthen vom 14. ds. Genüge zu leisten. Das Haus Lafont macht vorzugsweise in Indigo und, wie es scheint, mit gutem Erfolge. Seine Geldmittel sind wenig bekannt, alles was man darüber weiß, besteht darin (c'est), daß es mit einer Commandite von hundert tausend Franken arbeitet. Bis jetzt erfüllt es genau seine Verbindlichkeiten, indessen hat man an der Lebensweise der Chefs und dem Luxus (faste), den sie treiben, manches auszusetzen.

Was mich anbelangt, so würde ich ihnen keinen ausgedehnten (étendu) Credit bewilligen und bei der Summe von ohngefähr Fr. 2000 stehen bleiben. Dies sind meine Ansichten in der Sache (sur ce chapitre); ich spreche sie mit Freimüthigkeit aus, und einzig und allein (uniquement) in Ihrem Interesse.

Genüge leisten, satisfaire.
Machen in, opérer sur.
Genau erfüllen, faire face à.
Lebensweise, le train de vie que mènent.
Geldmittel, moyens pécuniaires.

Treiben, s'entourer.
Manches aussetzen, trouver à redire.
Stehen bleiben bei, s'arrêter à.
Ansichten, sentiments.
Aussprechen, exprimer.

Dienstanerbietung.

20.

Ich verdanke Ihre Adresse meinem Freunde, dem Herrn Fr. Gauthier, mit dem ich in Geschäfts- und Freundschaftsverbindung stehe, und nehme mir die Freiheit an Sie zu schreiben, um mich als Agent für den Absatz Ihrer Fabrikate in (sur) den Seestädten Frankreichs bestens zu empfehlen.

Eben so gut und vielleicht noch besser als irgend Jemand bin ich im Stande Sie hiesigen Landes zu vertreten, da ich ohnedies das Interesse einer großen Anzahl Häuser von Belgien und Deutschland, die fast alle, wie Sie, den Ausfuhrhandel betreiben, zu besorgen habe.

Eifer, Rechtlichkeit, Thätigkeit und eine lange Geschäfts-
erfahrung sind die Ansprüche, mit denen (avec les quels) ich
wage, um Ihr schätzbares Zutrauen anzuhalten.

In der schmeichelhaften Erwartung Ihrer baldigen (prochaine) Antwort, bitte ich Sie, mich mit vollkommener Hochachtung zu glauben 2c. 2c.

Verdanken, être redevable de.	Den Ausfuhrhandel betreiben, faire l'exportation.
In Geschäfts- und Freundschaftsver- bindung stehen, être lié d'affai- res et d'amitié.	Sind die Ansprüche, tels sont les titres.
Agent, représentant.	Anhalten, réclamer.
Fabrikwaaren, articles de votre fa- brique.	Bitte ich Sie, je vous prie de vou- loir bien. ...

Waaren-Versendungen.

Speditionsbericht.

21.

In der Hoffnung, einigen Vortheil an unsern Versendungen zu finden, haben wir uns die Freiheit genommen,
durch Fuhrmann Richamp, in Fracht zu Fr. 6 per Centner,
an Sie abzusenden:

F. P. } 6 Kisten Leinwand, gezeichnet und numme-
Nr. 5 — 10. } rirt wie nebenstehend, wiegend 3950 Pfd.

Da uns viel daran liegt, daß die Waare längstens bis
(pour) 11. August an ihren Bestimmungsort gelange, so bitten wir Sie, die erste Fuhrgelegenheit (voiture) zu benutzen,
um dieselbe sogleich an die Adresse des Herrn Georg Matti
in Frankfurt abgehen zu lassen.

Den Rembours der Spesen nehmen Sie bei dem Fuhr-
manne nach und geben (donnant) uns Nachricht vom Geschehenen.

In Fracht, à raison de.

Bezeichnet und nummerirt wie nebenstehend, marquées et numéro-
tées comme en marge.

Daran liegen, importer.

Gelange, que... soit rendue.

Vom Geschehenen, du suivi.

Aehnlicher Brief.

22.

Ich habe die Ehre Sie zu benachrichtigen, daß ich unterm Heutigen per Eisenbahn in gewöhnlicher Fracht an Sie
abgesandt habe:

G. M.   2 Faß Wein, mit festen Reifen und vergipst,
welche ich Sie bitte an Herrn Julius Kern in Berlin
weiter zu befördern und Ihre Spesen darauf nachzunehmen.

Mit festen Reifen, avec cercles de fer.

Vergipst, plâtrés.

Befördern, acheminer.

Nachnehmen, faire suivre.

Absendung einer Waare.

23.

Nach Auftrag des Herrn J. Dennichel in Bordeaux habe
ich dieser Tage das Vergnügen gehabt, mit Fuhrmann Braun,
zu Fr. 6 pr. Ctnr. Fracht, an Sie abzusenden:

A. D.
Nr. 1. à 6. } 6 Fässer Zucker,

welche Sie, gleich nach (dès leur) Ankunft, an die Herren
Gebrüder Ant. Flor in Frankfurt a. M. mit Nachnahme Ihrer
Spesen weiter zu befördern belieben.

Da Sie viele Transito-Güter hierher abgehen laffen, so biete ich Ihnen meine Vermittlung zu deren Weiterbeforgung an, mit der Verficherung, daß ich gewiß den Nußen Ihrer Freunde auf's Beste berückfichtigen werde (ménager).

Nach Auftrag, d'après les ordres.
Diefer Tagen, ces jours derniers.
Fracht, voiture.
Abfenden, expédier.
Mit Nachnahme, avec suite.
Weiter befördern, réexpédier.

Transito-Güter, marchandises de (en) transit.
Hierher gehen laffen, diriger... sur ici.
Vermittlung, intermédiaire.
Deren Weiterbeforgung, leur acheminement ultérieur.

———

Abfendung zu Waffer.

24.

Ich habe die Ehre Ihnen hiemit anzuzeigen, daß ich soeben auf der Rhône mit Schiffer Paul,

C. S.
Nr. 1. à 30. } 30 Stück Piccardan-Wein,

an Ihre Adreffe verladen habe. Sie belieben diefelben feiner Zeit an fich zu bringen, und fie auf dem Canal von Briard gegen Ihre Auslagen an Herrn C. Sabatier in Paris abgehen zu laffen.

Ich werde mir stets ein Vergnügen daraus machen, Ihnen meine freien (libres) Speditionen zuzuwenden, wenn meine Freunde durch die Oekonomie an Spefen Vortheil dabei finden.

Schiffer, patron.
Anzeigen, annoncer.
Verladen, charger.
An fich bringen, se procurer.
Auslagen, frais.

Abgeben, acheminer.
Zuwenden, adresser.
Vortheil dabei finden, se trouver bien.

25.

Die beiden Kisten A. P. Nr. 1. u. 2. sind endlich an Sie abgegangen. Da sie leicht zerbrechliche Waare (articles) enthalten, so sorgen Sie dafür, daß bei deren Verladung die größte (la plus grande) Vorsicht verwendet werde. Auf jedem Falle bleibt zu beachten, daß nichts Schweres (lourd) darauf am Bord zu liegen komme.

Angebogen übermachen wir Ihnen die Rechnung über unsere Auslagen und Spesen bei den letzten 6 Collis G. M., betragend Fr. 124, zu Ihren Lasten, wofür wir uns gelegentlich mit (suivant) oder ohne weiteren Bericht per Saldo dieses kleinen Geschäftes auf Sie erholen werden.

An Sie, à votre adresse.
Leicht zerbrechlich, très-fragiles ou casuels).
Dafür sorgen, veuillez recommander.
Daß verwendet werde, qu'on prenne.

Bei deren Verladung, en les chargeant.
Am Bord liegen, mettre à bord.
Betragend, s'élevant à.
Beachten, veiller à.

———

Bank-Gegenstände.

Ziehung.

26.

Nach Ordre und für Rechnung der Herren Gebrüder Ferrier in Rouen habe ich soeben einen Wechsel von
        Fr. 3000. = Eigene Ordre, 2 Monat dato,
auf Sie gezogen.

Sie belieben davon Notiz zu nehmen, und meine Unterschrift zu Lasten der benannten Freunde, welche mir melden,
Sie bereits davon unterrichtet zu haben, zu honoriren.

Auf Ordre, d'ordre.	Melden, informer.
Honoriren, faire honneur.	Unterrichten, aviser.
Zu Lasten, au débit.	

Conto-Current.

27.

Ohne Ihre werthen Zuschriften, übermache ich Ihnen
bei Gelegenheit der Regulirung meiner Bücher (écritures)
den Auszug Ihrer Rechnung, die sich mit Francs 112. per
31. Dec. zu Ihren Gunsten saldirt. Ich halte diesen Saldo
zu Ihrer Verfügung, da (car) es mir nicht ansteht, für solche
Kleinigkeiten Zinsen zu bezahlen.

Mit Bedauern sehe ich die Unbedeutenheit (inactivité)
Ihrer Rechnung, ich will (j'aime) hoffen, meine Herren und
alten Freunde, daß es nicht eben so im Laufe des eintretenden
Jahres, zu welchem ich Ihnen meine herzlichsten Glückwünsche
darbringe, sein wird.

Ohne Ihre werthen Zuschriften, sans lettres de vous.	Mit Bedauern, c'est avec peine et chagrin.
Uebermachen, remettre.	Im Laufe des eintretenden Jahres, pendant le courant de l'année ou nous entrons.
Ihre Rechnung, votre compte chez moi.	
Die sich saldirt, soldant.	Meine herzlichsten Glückwünsche, mes meilleurs voeux.
Anstehen, convenir.	Darbringen, offrir.
Für solche Kleinigkeit, sur une semblable bagatelle.	

Rechnungs-Abschluß.

88.

Wir benützen die dargebotene Gelegenheit eines unserer Freunde, der Ihren Platz besucht, um Ihnen den Auszug Ihrer laufenden Rechnung zu übermachen, die mit (par) einem Saldo von Fr. 4030. — zu unsern Gunsten per 31. Mai bei uns abgeschlossen wurde, und wofür Sie uns rechtfindend auf's Neue zu erkennen belieben.

Sie werden bemerken, daß wir auf die beiden Summen von Fr. 1800. und Fr. 2150., die Ihnen unser Associé Herr Douval übermachte, keine Zinsen berechnet haben, so wie auch nicht (ainsi que) auf den Gegenwerth, den Sie ihm anwiesen, und der nur der guten Ordnung wegen auf Ihrer Rechnung erscheint (figure).

Die dargebotene, que nous offre.
Der Ihren Platz besucht, qui part pour votre ville.
Die bei uns abgeschlossen wurde, réglé chez nous.
Zu unsern Gunsten, en notre faveur.

Rechtfindend, si vous n'y trouvez pas d'erreur.
Bemerken, remarquer.
Gegenwerth, contre-valeur.
Anweisen, remettre.
Der guten Ordnung wegen, pour la régularité.

Verzögernde Berichte. Goldsendung.

89.

Sie sind mir Antwort auf mehrere Briefe schuldig, von denen der Letztere unterm 15. v. Mts. geschrieben war. Angenehm wäre es mir, Ihre Berichte pünktlicher zu erhalten, besonders wenn (lorsque) ich Ihnen Goldsendungen mache, oder (ou lorsque) Anweisungen avisire. Es verlangt mich auch, das Resultat Ihrer Nachforschungen zu erfahren, die Sie zu machen hatten, um auszufinden (voir), wo der Irrthum

liegt, den ich Ihnen in meinem Brief vom 16. Juli bezeichnet habe.

Ebenso weiß ich nicht, ob meine Anschaffung auf Düffort
eingegangen ist, und doch wünsche ich mit meinem Cedenten
(cédant) deßwegen abrechnen zu können.

Heute adressire ich Ihnen ein versiegeltes Päckchen mit
Gold, enthaltend (de) Fr. 3700. —, wofür Sie mich zu erkennen belieben.

Berichte, nouvelles.	Die Sie zu machen hatten, que vous
Goldsendungen machen, faire passer	aviez dû faire.
des envois d'or.	Bezeichnen, signaler.
Es verlangt mich, il me tarde.	Nicht wissen, ignorer.
Nachforschungen, recherches.	Abrechnen, décompter.
Wo der Irrthum liegt, de quel côté	Ein versiegeltes Päckchen, un petit
est l'erreur.	group.

Bitte um einen Wechsel-Credit.

80.

Da ich mit besonderem (bien) Vergnügen der freundschaftlichen (agréable) Aufnahme gedenke, womit Sie mich
während meiner Reise zu beehren beliebten, so schmeichle ich
mir, daß Ihnen mein neues Etablissement mit einiges Interesse
einflößen dürfte: dasselbe wird sich vorzugsweise mit solchen
Wechsel-Operationen befassen, die einen gewissen Blanco-Credit auf
Ihrem Platze erfordern, und ich würde mich glücklich schätzen,
solchen bei Ihnen zu finden.

Da meine Geschäfte (commerce) auf den solidesten
Grundsätzen beruhen, so glaube ich die Gunst zu verdienen,
unter die Zahl Ihrer Correspondenten aufgenommen zu werden.

Indem ich mich übrigens auf nebenstehendes Circular-
schreiben beziehe, zeichne ich mit aller Hochachtung ergebenst.

Gedenken, se rappeler.
Womit Sie beliebten, dont il vous
a plu.
Sich schmeicheln, aimer à se persuader.

Einflößen dürfen, savoir inspirer.
Ueberlassen, se porter sur.
Beruhen, être basé.
Aufnehmen, admettre.

Nichtaufnahme eines Wechsels.

31.

Ihren Brief vom 16. dieses höflichst erwiedernd, konnten wir nicht erwarten, daß Ihnen die Consignation unserer
2 Gebinde Grünspan nicht angenehm wäre, und noch weniger,
daß Sie Anstand nehmen würden, unsere Tratte in Betreff
(à l'appui) dieser Waare zu honoriren, da wir Ihnen ver-
sprachen, die Deckung dafür sogleich folgen zu lassen, wenn
der benannte Grünspan vor Verfallzeit unserer Abgabe nicht
verkauft sein sollte. Unsere Firma hätte gewiß eine bessere
Berücksichtigung (déférénce) verdient, und wir wissen nicht, wie
wir dieses schroffe Verhalten mit Ihrer sonst verbindlichen
Weise bei früheren mit einander abgemachten Geschäften vereinbaren sollen.

In Zukunft werden wir uns aller ähnlichen Zusendungen
an Sie enthalten, weil Sie auf einmal so schroff diese Art
Geschäfte von sich weisen (rejetter), als es (dès qu'il) sich
darum handelte, die ⅔ unseres Facturabestandes vorzuschießen.

Anstand nehmen, faire des difficultés.
Schroffes Verhalten, froide réserve.
Sonst verbindliche Weise, manières
obligeantes.
Die früheren mit einander ꝛc., que
vous avez déployées dans nos

précédentes affaires traitées
ensemble.
Vereinbaren, concilier.
Sich enthalten, s'abstenir de.
Schroff, brusquement.
Vorschießen, avancer.

Diverse Buchungen.

32.

Die geleisteten (faits) Zahlungen von Louis Greiner habe ich, Ihren Noten gemäß, gebucht.

Der Eintreibung der übrigen Dividenden bitte ich ebenfalls Ihre Sorgfalt zu widmen (donner).

Aus Ihrem besagten Brief entnahm ich einen kleinen Wechsel (effet) von Fr. 280. — auf Paris, welchen ich auf Ihr Haben einziehen werde.

Die Unthätigkeit der Manufakturen, sowie (et) das Ausbleiben (absence) der Bestellungen, machen die Geschäfte höchst unbedeutend

Buchen, passer écriture.	Entnehmen, retirer.
Eintreibung, poursuite.	Einziehen, faire rentrer.
Aus Ihrem rc., des plis de votre susdite.	Unbedeutend, insignifiant.

Ueber Wechsel-Verfallzeiten.

33.

Ihr schätzbares Schreiben vom 12. ds. ist mir soeben zugekommen. Hr. Laroche ist nicht von seinem Vorsatz (idées) abzubringen, die Verfallzeit Ihres Wechsels auf den 30. Juli festzusetzen. Wenn Sie es wünschen, bin ich bereit, gegen $\frac{1}{2}$% per Monat Del-Credere zu stehen. Auf diese Weise (façon) könnte die Sache geschlichtet werden.

In Betreff der Gebrüder Batine wird wohl für die 6 Kisten Indigo nichts zu fürchten sein. Da Sie vor der bedungenen Zeit gezogen haben, so klagt man sehr über dieses eigenmächtige Verfahren. Ich hatte Mühe die Auflösung des ganzen Geschäftes zu verhindern. Sie werden sich also den Umständen gemäß nachgiebig zeigen, indem Sie den Wechsel zurückziehen und Rimessen dafür erwarten.

Ich verbleibe mit aller Achtung ergebenst.

So eben, à l'instant.	Eigenmächtiges Verfahren, procédé arbitraire.
Abgehen, déroger de.	
Delcredere stehen, demeurer du croire.	Auflösung, la rupture.
Könnte geschlichtet werden, il y avait la possibilité de régler.	Nachgiebig zeigen, montrer indulgent.
Bedungen, convenu.	Den Umständen gemäß, ainsi que requièrent les circonstances.
Die Mühe, la peine.	

Regulirung einer Rechnung.

84.

In der Zusammenstellung (relevé de) Ihrer Rechnung haben Sie den mir in der Expeditionsnote zukommenden Saldo aufzuführen vergessen, was Sie nachzuholen belieben. Die übrigen Posten (items) gehen richtig. Ich erwarte nun meine rückständige Forderung auf London, wenn Sie diese Zahlungsweise nicht genirt.

Pariser und Lyoner Papiere bleiben selten. Die deutschen Gulden fehlen. Die Ducaten, die spanischen und italienischen Münzen ohne Geschäfte. Piaster und Quadrupel vorräthig (abondants).

Aufführen, comprendre.	Rückständige Forderung, le restant de mon avoir.
Expeditions-Note, borderau d'expédition.	Zahlungsweise, mode de payement.
Mir zukommenden, me revenant.	Pariser rc. bleiben selten, même rareté du papier de Paris etc.
Nachholen, y suppléer.	Die spanischen, les onces de'Espagne.

Rücksendung eines Wechsels.

35.

Der übermachte Wechsel auf Lyon, per 15. Juli, kann mir nicht dienen (convenir). Sie wissen eben so gut wie ich, daß es gegenwärtig sehr schwer hält (est) Valuten, welche länger als 60 Tage laufen, discomptiren zu lassen. Ich sehe mich daher genöthigt (contraint), Ihnen diesen Effect zurückzuschicken und Sie zu ersuchen, mir dagegen kurzes Papier zu übermachen. Langsichtige Wechsel auf Ihren Platz könnte man jetzt leicht placiren.

Nachschrift:

Welchen Credit-Belauf möchten wohl die Gebrüder Bub verdienen?

Langsichtig, à longue date.   Credit-Belauf chiffre de crédit.

Anschaffung.

36.

Auf Abschlag unserer Schuld (débit) empfangen Sie anliegend Ihren Solawechsel (billet) von Fr. 6000, auf den 3. dieses, Ordre Laport, mit der Bitte uns dafür unter Anzeige zu erkennen.

Sobald wir passendes Papier besitzen, werden wir es Ihnen zukommen (passer) lassen. Der hohe Stand aller Course erlaubt uns aber nicht so (d'aussi) schnelle Anschaffungen zu machen, als Sie es vielleicht wünschen dürften.

Auf Abschlag, à valoir.   Der hohe Stand, la forte élévation.
Passend, convenable.

Gutschrift für eine Rimesse.

31.

Ihr werthes Schreiben vom 4. dieses ist uns richtig zu gegangen. Sie übermachen uns damit für Ihre Rechnung
Fr. 1170. — per 30. Mai,
auf G. Firmin und Comp. in Marseille, zu Ihrer Gutschrift.

Wir sind Ihnen für die an uns gerichteten Wünsche höchst dankbar. Genehmigen Sie dagegen diejenigen, welche wir für Ihr Wohlsein hegen nebst der erneuerten Versicherung unserer Hochachtung.

Dankbar, sensible.	Hegen, former.
Wünsche, voeux.	Erneuerte, nouvelle.
Richten, adresser.	Wohlsein, bien-être.

Anschaffung.

32.

Ich habe seiner Zeit das Vergnügen gehabt, Ihr Werthes vom 24. zu erhalten, worauf ich nichts zu erwidern finde, da ich mit dessen Inhalt vollkommen einverstanden bin.

Anliegend übermache ich Ihnen:
Banco-Mark 1630 } Auf William Flint in
,,   1570 }   Hamburg.
Bmk. 3200 per 30. Juli,
wovon Sie den Eingang in mein Guthaben besorgen wollen.

Erwidern, répliquer.	Einverstanden sein, être d'accord sur.

Proteſt mit Retour-Rechnung.

39.

Wegen nicht erfolgter Zahlung Ihres Wechſels auf Dumont mußten wir proteſtiren laſſen, und bitten alſo uns mit Fr. 1260. — incluſive Unkoſten, dafür zu erkennen. Die aufgeführten Fr. 22. 50 in dem ſimulirten Rückwechſel laſſen wir Ihnen zu Gute kommen.

Dumont verſpricht nun in 14 Tagen zu zahlen. Sollte er nicht Wort halten, ſo wäre es rathſam, den gerichtlichen Weg einzuſchlagen.

Der jetzige üble Geſchäftszuſtand iſt Urſache, daß ſelbſt die erſten Häuſer in ihren Verbindlichkeiten zurückbleiben. Daher will Niemand mehr auf Zuſendungen anticipiren, noch in Acceptationen treten (entrer).

Wegen nicht erfolgten Zahlungen, par suite du non-payement.

Incluſive, y compris.

Aufgeführt, indiqué.

Simulirter Rückwechſel, rechange supposé.

Gut kommen laſſen, laisser à votre profit.

Den gerichtlichen Weg einſchlagen, recourir au bénéfice de la loi.

Der üble Geſchäftsgang, l'état du mal-aise commercial.

Zurückbleiben, mettre de la lenteur à remplir.

Zahlungs-Verlängerung.

40.

In höflicher Antwort auf Ihren Brief vom 26. v. Mts. ſtehen wir nicht an Ihnen die verlangte einmonatliche Friſt (délai) zu bewilligen, überzeugt, daß Sie Ihrer Rimeſſe die Verzugszinſen beifügen werden.

In Ihren künftigen Zahlungen ſchmeicheln wir uns jedoch größerer Pünktlichkeit von Ihrer Seite, wenn das Intereſſe unſerer commerciellen Verbindung enger geknüpft werden ſoll.

Anſtehen, hésiter.

Verzugszinſen, intérêts du retard.

Enger knüpfen, resserrer.

Wechsel-Anstand.

41.

Ihr Werthes vom 4. dieses höflichst erwidernd, ist es mir unmöglich Sie für die Einlösung (l'acquit) meines Billets von Fr. 4000 zu erkennen, weil ich dem Herrn Laport, Ihrem Cedenten, die Compensation entgegenstellen kann. Es ist ein Glück für mich, daß mir ein Versehen (omission) in der Uebertragung an Sie das Mittel verschafft (donne), den Betrügereien des Herrn Laport zu entgehen.

Ich behalte meinen Wechsel und überreiche Ihnen dagegen angeschlossen ein gerichtliches Document, mit dessen Hilfe Sie Ihren Cedenten vor Gericht belangen (poursuivre) können. Ich werde meiner Seits diejenigen Schritte (démarches) gegen ihn thun, welche die Umstände erfordern (éxigeront).

Entgegenstellen können, avoir à opposer.	Betrügereien, sa mauvaise foi.
In der Uebertragung an Sie, dans l'endossement qu'il vous a passé.	Entgehen, échapper.
	Gerichtliches Document, un acte notarié.

Prima-Wechsel.

42.

Ihre gefälligen Dienste in Anspruch nehmend, übermachen wir Ihnen heute anliegend eine Prima von Fr. 2000 auf Clasey, mit dem höflichen Ersuchen solche zur Acceptation vorzeigen zu lassen. Nach geschehener (remplie) Formalität wollen Sie den Wechsel zur Verfügung der girirten Secunda aufbehalten. Bei ermangelnder Annahme werden Sie ihn gefälligst unter Protest an uns zurücksenden.

Entschuldigen Sie die zu habende Bemühung, mit der Versicherung unserer bereitwilligen Gegendienste.

In Anspruch nehmend, réclamant la faveur de..	Die zu habende, que nous vous causons.
Bei ermangelnder, à défaut.	Unsere bereitwillige ic., nos officieux.

Aufforderung zu Rimessen.

43.

Meiner gegebenen Zusage gemäß, hatte ich Ihnen mit Vergnügen einen Credit von Zwanzig Tausend Franken in meinen Büchern eröffnet, mit der Bedingung, daß diese Summe nicht als Darlehn oder als ein auf Zinsen geliehener Betrag gelten sollte, sondern nur als ein Cassa=Credit, über den Sie zwar nach und nach verfügen können, aber nicht ohne denselben allmählig durch gute Rimessen zu verringern; kurz, es war darunter verstanden, daß der Saldo auf Ihrem Conto-Corrente nicht feststehend die Höhe von 20 Tausend erreichen dürfe. Ich will annehmen, daß Sie diese Clausel falsch aufgefaßt, sonst würden Sie wohl Ihre Tratte von Fr. 4000 per 30. Mai zu decken gesucht haben.

Ueber diesen Gegenstand erbitte ich mir genügende Erklärung, und verbleibe inzwischen mit Achtung ergebenst.

Meiner ic., ainsi que j'ai consenti.	Feststehend, constant.
Als Darlehen, pour le titre d'emprunt.	Annehmen, supposer.
Gelten, considérer.	Falsch auffaßen, comprendre mal.
	Erklärung, éclaircissement.

Creditverweigerung. Falliment.

44.

In diesem kritischen Moment ist es unseren Grundsätzen entgegen, irgend einen Blanco=Credit anzubieten.

Das Steigen der Londoner Valuten ist nur erkünstelt (factice); kurzsichtige Devisen auf Wien und Neapel rentiren bei weitem besser, und damit können wir Ihnen dienen (fournir).

Ein respectables Haus in London, Herr R. R. hat seine Zahlungen eingestellt, weil ihm die Erleichterungen fehlten, die es gewöhnlich bei (pour) der Discontirung (escomptes) genoß; da es aber Hülfe (ressources) gefunden, um den dringendsten (pressées) Verfallzeiten zu begegnen, so hofft man, daß es sich bald wieder frei bewegen werde.

Unsern Grundsätzen entgegen, en op-
position à nos principes.
Londoner Valuten, du Londres.
Kurzsichtig, à courte échéance.
Rentiren, tourner à compte.
Weil ihm ... fehlen, à cause de
son manque de facilités.

Die es gewöhnlich genoß, qu'elle
avait l'habitude d'obtenir.
Begegnen, parer.
Sich wieder frei bewegen, être remise sur son courant.

Einlösung einer Tratte.

45.

Auf Ihr Geehrtes vom 10. dieses habe ich die Ehre, Ihnen anzuzeigen, daß ich die Anweisung von

Thlr. 1230. in $52^1/_2$ fl. Fuß, nach Sicht, Ordre

William Burn,

prompt zu Ihren Lasten eingelöst habe.

Hierzu kommen:

Provision $^1/_2$ % . . . . Thlr.	6.	4.
Stempel und Briefporto . . . . . . "	—	22.
Courtage für meine Tratte auf Sie 1°/₀₀ "	1.	6.
Nebst dem Capital . . . . "	1230	—

Thlr. 1238. 2.

worüber ich Ihnen eine besondere Nota beilege, und wofür Sie mir Gutschrift ertheilen wollen. Ich werde dagegen gelegentlich auf Sie abgeben, überzeugt, daß Sie nicht anstehen werden, meine Tratte in Schutz zu nehmen.

Hierzu kommen, à y ajouter.

Beilegen, faire suivre (remettre).

Wefür Sie mir 2c., vous priant de m'en créditer.

Anstehen, faire des difficultés.

Intervention.

46.

Seit unserem Letzten vom 24. October vermissen wir zu unserm größten Bedauern Ihre werthen Befehle.

Man präsentirte uns heute einen Wechsel von:

Fr. 3340. — 2 Monat dato vom 10. September, auf hiesige Delon u. Comp., gezogen von Gebrüder Bourmont in Rouen, bei dem wir in Folge (suivant) Ihrer Noth-adresse (besoin) für Ihre werthe Rechnung intervenirten, und worüber wir die Ehre haben, Ihnen beikommend mit Protest aufzuwarten, dessen Kosten Sie uns mit Fr. 4. 50 gutzu-schreiben belieben.

Im Nichtzahlungsfalle lösen wir den Wechsel (l'effet) zu Ihren Lasten ein und schicken denselben mit einem zweiten Protest und Retour-Rechnung an Sie zurück.

Vermissen, être privé de

Bei tem wir intervenirten, où nous sommes intervenus.

Aufwarten, remettre.

Im Nichtzahlungsfalle, en cas de non-paiement.

Einlösen, acquitter.

Aehnlicher Brief.

47.

Wir schmeicheln uns, Ihnen einen Beweis unserer Er-gebenheit darzulegen (donner), indem wir Ihnen anliegend Protest wegen Mangel Annahme über einen Wechsel von

Fr. 500. — per 15. August, auf uns selbst,

übermachen, wobei (où) wir glaubten zur Ehre Ihrer Unterschrift interveniren zu müssen.

Belieben Sie sich desselben zu bedienen, bis (en attendant) Sie bei Verfallzeit das Weitere (le suivi) von uns
vernehmen werden.

Für die Protestkosten erlauben wir uns Ihnen Fr. 3.
zu debitiren.

Inliegend übermachen wir Ihnen noch unser Coursblatt
und zeichnen ergebenst.

Sich desselben bedienen, en faire Unsere Course, le bulletin de nos
   l'usage réquis.   changes.

Credit-Bewilligung.

48.

Ich habe Ihr Umlaufschreiben vom 1. dieses erhalten,
wie auch den Brief von demseben Datum, der es begleitete.
Ich wünsche Ihnen Glück zu dem ausgeführten Entschlusse sich
für Ihre Rechnung zu etabliren. Von Ihren Talenten und
rechtlichen Gesinnungen (probité) habe ich die beste Meinung,
und werde mich freuen (charmé) Ihre Unternehmungen mit
glücklichem Erfolge gekrönt zu sehen.

Ich bin geneigt Sie nach Kräften in Ihrer neuen Lauf-
bahn zu unterstützen, und gebe Ihnen heute einen Beweis
davon, indem ich Ihnen einen Blanco-Credit eröffne, welchen
Sie in Ihren 3 Monat-Tratten, die ich bei Vorkommen bis
zum Belauf von 20 tausend Franken schützen werde, benützen
können, jedoch mit der Verbindlichkeit von Ihrer Seite, mich
dafür in kurzsichtigen (courts) Papieren auf Paris zu decken,
je nachdem die Verfallzeiten heranrücken werden. Hüten Sie
sich aber vor Wechselreiterei mit Leuten von zweifelhafter So-

lidität und üblem (louche) Rufe, weil ich Ihnen im eintre=
tenden Falle ohne weiters den bewilligten Credit entziehen
würde; denn Sie wissen so gut wie ich, welchen unheilvollen
Schaden solche (ces) umlaufende Wechsel nach sich ziehen.

Glück wünschen, féliciter de.

Einen Entschluß ausführen, prendre le parti.

Die beste Meinung haben, augurer bien.

Nach Kräften, de mon mieux.

Unterstützen, soutenir.

Benützen, utiliser.

Sich hüten, se garder.

Je nachdem, au fur et à mesure.

Heranrücken, arriver.

Wechselreiterei, faire la navette.

Im eingetretenen Falle, le cas éché-ant.

Ohne weiteres aufheben, couper tout court.

Welchen unheilvollen Schaden, à quel-les pertes désastreuses.

Umlaufende Wechsel, lettres de change circulantes.

Nach sich ziehen, on est entraîné par.

Bank-Operation.

49.

Mit Ihrem geehrten Schreiben vom 10. dieses Monats
schlagen Sie mir einige (des) Operationen auf halbe Rech=
nung vor. Da mir nun wirklich die Wechsel=Course mehrere
(quelques) vortheilhafte Chancen darzubieten scheinen, so nehme
ich mit Vergnügen Ihren Vorschlag an.

Um zu beginnen, übergebe ich Ihnen angebogen:

Mark Bco. 4000. — auf Hamburg, per 15. Mai,
hier genommen zum Cours von 178, betragend (faisant)
Fr. 7120. —, womit ich den Conto a metà in der Colonne
unseres Geldes (monnaie) belastet habe. Sobald Sie mir die
Verwechslungs=Nota übermachen, werde ich Sie dafür belasten.

Unsere Course schwanken abwärts, indem mehr Abgeber
(donneurs) als Nehmer vorhanden sind.

Von den Fallimenten in Newyork war ich so glücklich
nicht betroffen zu werden.

Auf halbe Rechnung, de compte à demi.

Wechsel-Course, le cours des changes.

Verwechslung, négociation.

Schwanken abwärts, ont faibli.

So glücklich sein, avoir le bonheur

Betroffen zu werden, être atteint par.

Klage über voreilige Ziehung.

50.

Antwortlich Ihres Werthen vom 24. v. Mts. bezahlte ich die auf mich gezogenen Fr. 4000. — Ordre Montier als Erholung Ihrer Intervention für meine Rechnung bei meiner Tratte per 30. Juni auf Delavigne, wofür ich Ihnen meinen Dank darzubringen habe. Ich kann indeß nicht wohl billigen, daß Sie kurzsichtig auf mich gezogen, indem ich unvermuthet die Zahlung für eine Summe leisten mußte, deren Größe (importance) mich hätte in Verlegenheit bringen können. Früher begnügten Sie sich, mir den protestirten Wechsel (effet) mit der Retourrechnung einzuschicken und ruhig abzuwarten, bis (que) ich Ihnen den Ersatz nach meiner Bequemlichkeit anschaffen konnte. Ich hätte gewünscht, daß sie bei diesem Vorfalle gleichmäßig (de même) gehandelt hätten, und gestehe Ihnen offenherzig, daß ich gezwungen wäre, meine Nothadressen (besoins) an ein anderes Haus zu richten, wenn Sie sogleich für Ihre Intervention gedeckt sein wollen.

Bezahlen, acquitter.

Kurzsichtig, à courte échéance.

Einen Dank darbringen, remercier.

Unvermuthet, à l'improviste.

Indem ich leisten mußte, ayant dû effectuer.

In Verlegenheit bringen, mettre à la gêne.

Ersatz, remboursement, m. couverture, f.

Nach meiner Bequemlichkeit, à mon entière convenance.

Verfall, circonstance, occurrence, f.

Richten, adresser.

Gedeckt sein wollen, prétendre d'être couvert de.

Retour-Rechnung.

51.

Ich übermache Ihnen angebogen Protest wegen Mangel Zahlung über meine Tratte für Ihre Rechnung auf Herrn D. Frei in Lyon, der kürzlich fallirte, und lasse nachstehend Retour-Rechnung darüber folgen, nämlich:

Capital	Fr.	2000. —	c.
Protest	„	16. 45	„
Stempel des Rückwechsels	„	1. 95	„
Courtage und Certificat ¼ %	„	5. —	„
Commission ½ %	„	10. —	„
Briefporto	„	2. —	„
	Fr.	2035. 40	„
Verlust bei der Verwechslung der Rücktratte 1%	„	20. 35	„
Wofür ich Sie belaste mit	Fr.	2055. 75	c.

Ich ziehe heute dagegen auf Sie selbst, in Paris zahlbar, die besagte Summe von Fr. 2055. 75., Ordre Rünel, 2 Monat dato, wovon beiliegend die Prima, welche Sie mit Annahme und Domicilium versehen, zur Verfügung der Secunda an die Herren Gebrüder Mallet in Paris, einzusenden belieben.

Der kürzlich fallirte, qui vient de faillir.

Rückwechsel, retraite.

Stempel, timbre.

Verwechslung, négociation.

Mit Annahme und Domicilium versehen, acceptée et domiciliée.

Zur Verfügung, pour la tenir à la disposition de.

Acceptations-Besorgung.

52.

Ihr Werthes vom 20. dieses überbringt mir 2 Prima-Wechsel von

Fr. 3000. — auf Duclos
„ 2000. — auf Galtier } dahier,

von denen ich die Annahme verlangte, und welche ich mich beeile, Ihnen anliegend mit dieser Formalität versehen, zurückzusenden.

Die Herren Quinet u. Comp in Rheims haben mir für Ihre Rechnung:

Fr. 1000. per 25. August

übermacht, welche in gleicher Summe unter üblichem Vorbehalte in Ihrem Haben ruhen.

Ihre Fr. 20,000. — auf Lyon will ich zu 98 übernehmen, obgleich mir dieselbe Verfallzeit von hiesigen (nos) Getreidehändlern um $1/_2$ % niedriger angeboten wird. Die 30 Tage auf Paris macht man pari.

Indem ich Sie bitte, die Beischlüsse weiter zu befördern, verbleibe ich mit Achtung ergebenst.

Verlangen, requérir.
Versehen, revêtir de.
Welche in Ihrem Haben ruhen, qui sont à votre avoir.
In gleicher Summe, valeur de la dite somme.

Unter üblichem Vorbehalt, sous réserve d'usage, oder sauf l'usité.
Uebernehmen, se charger de.
Getreidehändler, marchands de grains (de blés).
Pari, au pair.
Weiterbefördern, donner cours.

Annahme einer Tratte. — Retour einer Anweisung.

53.

Wir sind in Besitz Ihrer beiden Briefe vom 18. u. 25. v. Mts. und kommen auf das Geordnete nicht mehr zurück.

Von Ihrer Abgabe auf uns, von Fr. 2000. — per 15. October, eigene Ordre, haben wir zu Ihren Lasten gute Vormerkung genommen.

Anliegend senden wir Ihnen Ihre Anweisung (mandat) von Fr. 400. — auf Moll. unbezahlt (impayé) zurück, da er sie einzulösen verweigert hat. Belieben Sie diese Summe von unserm Debet abzuschreiben.

In Betreff der 3% Interesse ist es uns unmöglich sie höher zu stellen, denn seit mehreren Jahren ist es derselbe Disconto auf unserem Platze. —

Das Paquet Briefe ist, Ihrem Wunsche gemäß, mit dem Postwagen nach Wien befördert worden.

Und kommen auf das Geordnete 2c., dont nous passons les objets d'accord sous silence.

Auf uns, sur notre caisse.

Abschreiben, détourner.

Höher zu stellen, d'en porter le chiffre plus haut.

Derselbe Disconto, c'est le mê escompte sur notre place.

Bank-Geschäfte.

54.

In Antwort auf Ihren Brief vom 11. dieses, habe ich die Ehre Sie zu versichern, daß die ersten mir eingehenden Gelder Ihnen bestimmt sein sollen, denn gegenwärtig sehe ich mich in ein Geschäft verwickelt, das alle meine jetzigen Hülfsquellen erschöpft. Gemachtes Papier auf Lyon würde ich übrigens zu einem leidlichen (raisonnable) Disconto gar nicht finden können; und von der Hand (à la main) gezogenes wollen Sie nicht.

Die Rente ist auf 15 unter dem gestrigen Schlußpreise herabgegangen. Portugiesische (le) 3 %, stehen fest, und Haïti scheinen an 336 festgebunden (cloués). Die aktive Schuld Spaniens wurde bei Eröffnung der Börse etwas herabgedrückt (pressée); sie behielt nur $1/_8$ %, Erhöhung. Im Allgemeinen bieten die Course kein Feld zur Speculation dar. Die Liquidation ist schwierig (difficile).

Der Ueberfluß an Comptanten (de l'argent) verbessert jeden Tag den Disconto. (Du) Wien und Augsburg bietet man aus; (du) Genua lang, Madrid 3 Monate, (des) Mark zu jeder Verfallzeit, und Rubeln zu 93 werden begehrt. (Le) Neapel wurde wegen (pour) eines Geschäfts von 16000 Ducaten außerordentlich entwerthet (baissés). Wirkliche Verkäufer würde man nicht zu 412 die 90 Tage finden.

Die Eisenbahn-Aktien scheinen nahe daran, eine merkliche (sensible) Veränderung zu erleiden, wenn man nicht so wohl nach den comptanten Preisen, die beiläufig dieselben sind, als nach den Lieferungs-Abschlüssen urtheilen will.

Ich beziehe mich auf die gedruckte Notirung (cote) und zeichne ergebenst.

Die ersten mir eingehenden Gelder, mes premières rentrées.

Verwickelt, embarqué.

Erschöpfen, épuiser.

Schlußpreis, prix (cours) de clôture.

Stehen fest, est stationnaire.

Sie behielt nur, elle n'a pu conserver que.

Verbessern, bonifier.

Werden begehrt, on demande.

Wirkliche Verkäufer, de donneurs sérieux.

Wenn man urtheilen will, si l'on en juge.

Nahe daran, être sur le point.

Nicht sowohl nach den comptanten Preisen, non pas aux cours du comptant.

Nach den Lieferungsabschlüssen, aux marchés à terme.

Börsen-Berichte.

55.

Die Börse hat den Charakter, den sie gestern (au) genommen, beibehalten; das Zutrauen vermehrt sich nach und nach, und sind auch die Meinungen für das Steigen noch nicht übereinstimmend., so findet sich doch wenigstens eine große Anzahl Spekulanten, welche in diesem Sinne einige Schwankungen erwarten. Im Allgemeinen glaubt man weder an eine starke, noch an eine dauernde Bewegung.

Da die Käufer lange nicht im Vortheil waren, so wird ganz natürlich angenommen, daß es Rückstände geben müsse, und daß, wenn halbweg die Bewegung sich entwickelt, sie schnell durch den Bedarf (besoins) Derjenigen unterstützt wird, die sich werden decken müssen.

Die Baarschaft (comptant) war sehr gesucht und gibt 2 pCt. Erhöhung (d'amélioration). Die Rente von Neapel hat ebenfalls (aussi) einen leichten Aufschwung genommen, der aber nicht genugsam begründet war.

Endlich geben die Eisenbahn-Actien stets zu zahlreichen Geschäften Anlaß (lieu).

Sich vermehren, gagner.

Sind auch noch nicht übereinstimmend, s'il n'y a pas encore unanimité.

Die Meinungen für das Steigen, dans les opinions de hausse.

Schwankungen erwarten, espérer des fluctuations.

An eine starke noch an eine rc. d'un mouvement d'une grande étendue ni d'une longue portée.

Im Vortheil, l'avantage.

So wird angenommen, on calcule.

Daß es Rückstände geben müsse, qu'il doit y avoir des découvertes.

Wenn halbweg sich entwickelt, pour peu qu'il tende à se développer.

Sich decken müssen, avoir à se couvrir.

Einen leichten Aufschwung nehmen, suivre une légère tendance à la hausse.

Genugsam begründet, suffisamment motivé.

Zahlreiche Geschäfte, de nombreuses transactions.

Waaren=Geschäfte.

Gewichts-Manco.

56.

Es ist keineswegs (guère) erfreulich, wenn sich Anstände in Geschäften erheben, wie es der Fall bei (avec) den gesandten 20 Fässern Zucker ist. Nach den Mauth=Scheinen haben über 400 Pfd. in Stettin an (sur) dem Bruttogewicht gefehlt. Unser Spediteur Hr. Georg Matthieu versichert uns, daß die Fässer äußerlich wohlbeschaffen angekommen seien, und schwerlich eine Beraubung (vole) unterwegs stattgefunden habe.

Die Tara ist ebenfalls nicht (non plus) frei (exempte) von Irrthum, denn die ersten 10 Fässer wogen 80 Pfd. mehr, als die Factura angibt, und dieser Unterschied kommt vermuthlich von den Bodenfässern her, die nicht mit gewogen worden sind.

So lange wir nicht diese Unrichtigkeit in dem Gewichte auf eine genügende Weise geordnet (reglée) sehen, werden wir keine neuen Aufträge ertheilen.

Erfreulich, édifiant.
Wenn sich Anstände erheben, de voir s'introduire des discussions.
Mauth=Scheine, bulletin de douane.
Fehlen, avoir manque.
Aeußerlich, extérieurement.

Schwerlich stattfinden, n'avoir pu guère lieu.
Als angibt, que ne porte.
Bodenfässer, fonds de futailles.
Mitwiegen, comprendre dans le poids.

Wegen Vergütung auf Orlean. — Neuer Einkauf.
57.

Ihr Brief vom 28. ist mir seiner Zeit richtig zugekommen (entrée). Es wäre mir (il m'eût) sehr angenehm gewesen, für die vorgefundene unrichtige Tara bei (sur) einem der Ihnen (à vous) gesandten Fässer (futailles) Orlean einige Vergütung erhalten zu können, es war aber nichts gegen (aux) die Gründe (arguments) des Verkäufers einzuwenden.

Sie ersuchen mich, Ihnen 3 andere Fässer (tierçons) zu verschaffen, wenn ich sie zu Fr. $3^1/_2$ bekommen kann; ich erhandelte welche zu Fr. $3^3/_4$, in schöner Qualität, von guter Nuance, in trockener Waare und mit sehr wenig Leere (vuide) in den (aux) Fässern, welche Ihnen, wie ich hoffe, geringen (peu) Verlust auf (à) die 16% Tara geben werden. Mit erster abgehender Barke werde ich die Zusendung an Herrn Claudet in Toulouse besorgen.

Es bleiben wohl noch einige Partien Orlean in der (en) Stadt, aber wegen (pour) der Qualität ist eine strenge Auswahl zu treffen. Mehrere Eigner von dieser Farbe halten fest auf Fr. 4. —

Orlean, rocon.

Unrichtige Tara, la tare fausse.

Einwenden, répliquer.

Ersuchen, demander.

Wenn ich kann, pouvant.

Erhandeln, traiter.

Wie ich hoffe, j'espère.

Mit erster abgehender Barke, par le premier bateau partant.

Die Zusendung besorgen, faire l'envoi.

Ist eine strenge Auswahl zu treffen, il y a bien du choix à faire.

Mehrere Eigner, quelques détenteurs.

Farbe, teinture (f.)

Halten fest auf, persistent à demander

Verkauf von Leinöl.

58.

Wir haben Ihr Geehrtes vom 18. dieses zur höflichen Beantwortung vor uns liegen. Es convenirt uns, daß Sie uns die Fr. 9375. — für Ihre Hälfte (demi) bei (à) dem Einkauf der 300 Hectoliter*) Leinöl gutgeschrieben haben.

So bald wir den Rest des Oels, was wir gemeinschaftlich besitzen, vortheilhaft verkaufen können, werden wir uns

---

*) Ein Maß von 100 litres.

bemühen, den Absatz davon zu bewirken, da wir die gleiche Ab-
ficht mit Ihnen hegen, loszuschlagen, so bald es mit Vortheil
geschehen kann, ohne eben den höchsten (dernier) Nutzen davon
ziehen zu wollen.

Rechnen Sie auf unsere Sorgfalt (soins) in dieser Hin-
ficht, und genehmigen Sie die Versicherung unserer vollkommenen Ergebenheit.

Wir haben zur 2c. nous devons réponse.

Ihr Geehrtes, à la lettre que vous
nous avez écrite.

Es convenirt uns, il est bien.

Gutschreiben, donner crédit.

Leinöl, huile de lin.

Gemeinschaftlich besitzen, avoir en
commun.

Verkaufen, placer.

Sich bemühen, s'empresser.

Bewirken, opérer.

Da wir gleiche Absicht mit Ihnen
hegen, étant dans l'intention
ainsi que vous.

So bald es geschehen kann, lorsqu'on le peut.

Einziehen, toucher.

Klage über gesandten Grünspan.

59.

Wir zeigen Ihnen den Empfang der beiden Fässer Grünspan an, über die Sie uns mit Ihrem Brief vom 18. Oktbr.
Factura ertheilten. Wir waren sehr erstaunt, denselben nur
halb trocken zu finden, und keineswegs dem dafür berechneten
Preise entsprechend. Es waren sogar mehrere nasse Brode
darunter, welche wenigstens 20 % Verlust auf das Gewicht
geben werden.

Da Sie wissen, daß wir allen Chicanen feind sind, so
schmeicheln wir uns, Sie werden unsere Beschwerden genügend
abzuhelfen suchen; sonst (à défaut) müßte unfehlbar eine Tau-

heit in unserer Verbindung mit Ihnen eintreten, und wir glauben nicht, daß Sie solche herbeirufen wollen.

Fässer, barriques.
Halb trocken, à demi-sec.
Entsprechend, conforme au.
Berechnen, passer.
Genügend, d'une manière satisfaisante.

Abhelfen, remédier à.
Es müßte unfehlbar eintreten, il s'en suivrait infailliblement.
Lauheit, refroidissement.
Herbeirufen, provoquer.

Branntwein-Bestellung.

60.

In höflicher Beantwortung Ihres Briefes vom 10. dieses wollen Sie mir 8 Stück (tierçons)*) Branntwein, zu 19 Grad, für meine Rechnung einkaufen, wenn (si toutefois) der Preis noch immer auf Fr. 230 die 27 Viertel (veltes) steht, wie es Ihr Cours vom 12. dieses anzeigt.

Sowie der Auftrag vollzogen sein wird, lassen Sie die Fässer (futailles) zubereiten und schicken sie durch die gewöhnliche Fuhre (roulage) an Herrn M. Gerard in Nantes, dem ich meine weiteren Befehle ertheilen (donner) werde.

Den Betrag Ihrer Auslagen und Unkosten ziehen Sie in 3 Uso für meine Rechnung auf Herrn D. Lionel in Marseille.

Die Factura und den Speditionsbericht erwartend, zeichne ich ergebenst.

Noch immer steht, est toujours.
Anzeigen, indiquer.
Zubereiten, soigner.

Ziehen Sie, vous disposerez du.
Factura erwartend, en attendant facture.

---

*) In Bordeaur sagt man tierçons, in Cette hingegen pièces, erstere enthaltend nur 70 höchstens 75 veltes.

Absendung einer Waare.

61.

Gestern habe ich die 15 Ballen Hasenfelle verschifft und gebe Ihnen angeschlossen Verladungsschein und Factura darüber, für deren Betrag von £sterl. 460. — ich Sie belastet habe.

Die Felle werden sicherlich Ihren Beifall finden, denn sie sind von sehr feiner Qualität und im besten Zustande versendet worden, weßhalb ich hoffe, daß dieser kleine Versuch zu bedeutenderen Aufträgen führen wird.

Für die oben erwähnte Summe, — womit, im Fall des Verlustes, alle Auslagen gedeckt sind, habe ich bereits die Versicherung besorgt.

Die Prämien auf Schiffe nach und von Brasilien sind im Steigen, wegen einiger von den Buenos-Ayres-Kreuzern kürzlich genommenen Prisen; indessen ist zu hoffen, daß sie bald wieder auf den in Friedenszeiten gewöhnlichen Standpunkt (échelle) herabgehen werden.

Hasenfelle, peaux de lièvres.
Im besten Zustand, parfaitement conditionnées.
Führen, conduire.

Alle Auslagen, le capital avec les frais.
Nach und von Brasilien, l'aller et le retour du Brésil.
Kreuzer, croiseurs. .

Sprit-Bestellung.

62.

Wir danken Ihnen recht sehr für die uns ertheilten Berichte über den Stand Ihres Marktes und werden gerne sehen, wenn Sie damit jedesmal fortfahren, wenn Sie uns etwas Interessantes zu melden finden.

Wenn Aussicht vorhanden wäre, den $^3/_8$ Sprit auf Lieferung im Januar zwischen Fr. 70. und 75 zu erhalten, so würden wir Sie ermächtigen, uns 20 Stück einzukaufen (empletter); außerdem (à défaut) ersuchen wir Sie, diese Ordre als aufgehoben zu betrachten.

Statt (au lieu) der ungestümen Bewegung (effervescence), die in (sur) den Branntweinen hier stattfand, bemerken wir jetzt die vollständigste Flauheit. Nichts desto weniger ist der Cours, ungeachtet der fehlenden Geschäfte, unverändert geblieben; seit einigen Tagen ist aber weniger Festigkeit (fermeté) in den Forderungen der Eigner.

Wir erwarten Näheres wegen des besagten Einkaufs zu vernehmen und empfehlen Ihnen unser Interesse auf's Beste.

Gerne sehen, être charmé.

Wenn Sie damit fortfahren, que vous veuilliez bien nous les continuer.

Wenn Aussicht verhanden wäre, s'il y avait espérance.

Auf Lieferung im Januar, à livrer courant Janvier.

Als aufgehoben, comme nul et non avenu.

Vorgehen, exister.

Bemerken, remarquer.

Die vollständigste Flauheit, le calme le plus prononcé.

Die fehlenden Geschäfte, le défaut d'affaires.

Antwort.

63.

Ich habe Ihren Auftrag auf 20 Stück ³/₆ Sprit angemerkt, konnte aber nur die Hälfte gleich auf Lieferung zu kaufen finden, weil der Bedarf (besoins) groß und die Branntweine ziemlich selten sind. Selbst in den andern Proben (preuves) wird aus Mangel an Verkäufern nichts abgeschlossen, da sie (qui) für entfernte Epochen keine Verbindlichkeiten eingehen (prendre) wollen. Im Allgemeinen gibt es keine ausgedehnten Unternehmungen.

Das dänische Schiff Johanna, Capitain Holsten, wird die 10 Stück an Bord nehmen. Wir haben die Fracht (fret) zu 80 Mark Courant und 12¹/₂ °/₀ Kaplacken (chapeaux) und Haverei ordinär nach Bremen bedungen. Unser Nächstes bringt Ihnen den Verladungsschein.

Die anhaltende Trockenheit schadet der Zeitigung der (du) Trauben; dauert sie fort, so wird die Ernte weniger gut ausfallen (sera) als man glaubte, die Qualität aber um so viel besser sein.

Auf Lieferung, à livrer.	Ausgedehnte Unternehmung, opéra-
Gleich auf Lieferung, prêt à être	tion largement montée.
livré.	Bedingen, stipuler.
Abschließen, traiter.	Trockenheit, sécheresse.
	Fortdauern, durer.

Verfügung über 2 Fässer Del.

64.

Wie wir aus Ihrem geehrten Schreiben vom 11. dieses ersehen, so findet Herr Friedrich Montier an den übergebenen Oelproben zu tadeln und will die bewußten 2 Fässer nicht annehmen. Beharrt er auf seiner Weigerung, so schlagen Sie die Waare für unsere Rechnung los. Handeln Sie, als wenn Ihnen die Sache allein anginge; denn Sie besitzen (avez) unser volles Zutrauen.

Eingedenk der Sorgfalt, die Sie früher unseren Waaren widmeten, werden wir künftig mit vollem Rechte auf Ihre gefälligen (bons) Dienste Rücksicht nehmen.

Die feinen Oliven-Oele galten eine Zeit lang Fr. 80 bis 83, und es schien, diese Flüssigkeit wäre bestimmt, sich in denselben Preisen zu halten, bis endlich das von Neapel abgegangene Dampfboot uns die Entwerthung von zwei Ducaten per Salm auf die Gallipoli anzeigte. Vorräthige Waare (disponibles) hält sich auf Fr. 90. —

Zu tadeln finden, trouver à redire.
Beharren, persister dans.
Losschlagen, vendre.
Wenn Ihnen allein anginge, si ... vous était entièrement relative.
Eingedenk, mémoratifs.
Widmen, donner.
Früher, précédemment.

Mit vollem Rechte, à juste titre.
Künftig Rücksicht nehmen, avoir ... dorénavant égard.
Sich matt ... fortbewegen, se traîner languissamment autour des mêmes prix.
Uns die Entwerthung anzeigte, est venu nous annoncer la baisse.

Zucker-Auftrag.

65.

Wir ersuchen Sie, uns 50 Kisten besten Havanna-Zucker der neuen Ernte zu senden, zum Preise von .... oder darunter, frei an Bord, inclusive Fracht (fret). Ihren Rembours nehmen Sie gefälligst in kurzer Sicht auf Herren Dorbeck u. Comp. in London, unter Zusendung eines Connossements und Copie der Factura an dieselben.

Dieses Haus wird Ihnen übrigens den zu Ihren Gunsten gestellten Credit bestätigen.

Wir empfehlen Ihnen diese Ordre, welche nur als Versuch (essai) dienen soll, zur sorgfältigen Ausführung und zeichnen ergebenst.

Sicht, échéance.   Gestellten, ouver.

Wein-Berichte.

66.

Es herrscht immer viel Begehren nach (pour) alten Weinen, besonders nach den rothen, von denen sich die Preise verhältnißmäßig (en proportion) heben. Wenn es gleich nicht derselbe Fall mit den früh geherbsten (récoltés) Weinen ist, so bleibt (c'est) es dennoch gewiß, daß sie jeden Tag in Betreff der Beere und Farbe an Güte gewinnen, worunter die Hügel-Weine (vin-de-côtes), für die es schon Liebhaber (gustateurs) gibt, den meisten Antheil zu haben scheinen, und durch Liegen sehr gut werden können. In dieser Cathegorie sind jedoch die Weine in den Niederungen (bas fonds) geherbstet, nicht inbegriffen, von denen der größte Theil der Trauben am Stocke (sur pieds) erfroren, den gehörigen Grad der Zeitigung nicht erlangen konnte, um einen guten kaufbaren (de commerce) Wein daraus zu machen.

In Betreff der Beere ꝛc., en grain et couleur.

An Güte gewinnen, acquérir des améliorations.

Den meisten Antheil ꝛc., paraissent plus particulièrement se ressentir.

Durch Liegen ꝛc., ont beaucoup d'avenir.

Erlangen, parvenir à.

Den gehörigen Grad ꝛc., ce degré de maturité.

Gewichtsabgang.

67.

Die 6 Ballen Kaffee sind hier gestern eingetroffen. Da sich nun ein Gewichtsabgang von 15 Kil. dabei vorgefunden hat, so ist es nöthig, daß der Fuhrmann die Folgen seiner Nachlässigkeit trage, und zu diesem Behuf (effet) übermachen wir Ihnen angeschlossen einen amtlich beglaubigten Auszug aus unsern Büchern, nach welchem hervorgeht, daß wir diese Waare (denrée) zu Fr. 3 das Kil. verkauften, was mit Zuziehung der Vidimationskosten und Briefporto Fr. 25 aus= macht. Haben Sie die Güte, diesen Gegenstand von der Fracht abzuziehen, und uns Rechnung dafür zu halten.

Gewichtsabgang, manque de poids.
Angeschlossen, ci-clos.
Die Folgen 2c., payer sa négligence.
Amtlich beglaubigen, légaliser.

Nach welchem 2c., duquel il apert.
Was ausmacht, faisant.
Mit Zuziehung, en y ajoutant.
Vidimationskosten, frais de léga- lisation.

Verspätete Ankunft einer Waare.

68.

Sie zeigen große Sorglosigkeit in der Weiterbeförderung der 10 Kisten Citronen, von der Sendung des Herrn C. Berto- letti in Mailand, indem (attendu) solche bis jetzt noch nicht angekommen sind. Da der Lieferungstag seit vorgestern abgelaufen war, so bin ich berechtigt (en droit) die Hälfte der Fracht (roulage) dem Fuhrmann vorzuenthalten; dieses wäre aber eine äußerst geringe Entschädigung bei einer Waare (article), die dem Verderben unterworfen ist und Gefahr läuft, unterwegs von der Kälte (froids), womit wir uns bedroht sehen, überfallen (surpris) zu werden.

Ich weiß sehr wohl, daß die Waare, einmal geladen, für Rechnung des Bestellers (destinateur) geht (voyage), was in dem Handel ein angenommener (adopté) Grundsatz ist; nichts destoweniger behält (tient) der Spediteur die Verbindlichkeit sie vor Schaden zu bewahren, so viel es ihm möglich ist.

8*

Ich wünsche, daß Sie an dieser Verspätuug keine Schuld tragen, und daß ich baldigst durch die gute Ankunft der Waare aus meiner Unruhe gezogen werde.

Sorglosigkeit, insouciance.
Weiterbeförderung, acheminement.
Ablaufen, expirer.
Vorenthalten, retenir.
Geringe Entschädigung, faible compensation.
Bei einer Waare, à l'égard d'un article.

Die dem Verderben ꝛc., sujet à se gâter.
Gefahr läuft, courant risque.
Spediteur, commissionnaire-expéditeur
Bewahren, préserver de pertes.
So viel an ihm liegt, pour ce qui est en lui.
Schuld tragen, être la cause de.

Consignation.

69.

Ich habe Ihren (la) Brief erhalten, womit Sie mich am 12. dieses beehrten. Ich übergehe die unter uns geordneten Gegenstände, und übermache Ihnen anliegend Conossement über

54 Muids Salz,*)

die ich für meine Rechnung an Ihre Adresse (consignation) auf das Schiff Anton, Capitän Fornier, nach Ihrem Hafen verladen habe.

Sie belieben sogleich bei Ankunft die Löschung davon zu besorgen, und die Waare zum höchsten Preise zu veräußern. Für den Betrag (du produit) können Sie mir entweder auf hier (la ville), Paris oder Nantes Rimessen machen.

Ich limitire Sie nicht, überzeugt, daß Sie zum (pour) Besten meines Interesses handeln, damit dieses erste Geschäft zu wichtigeren führen möge.

Uebergehen, glisser sur.
Die ich verladen habe, chargés
Löschung, déchargement.

Zu wichtigeren führen, conduire à traiter des plus considérables.

---

*) Muid, franz. Maß von Liquiden; auch von Korn, Salz, Kohlen ꝛc.

Consignirtes Mehl. — Berichte. — Einschluß.

70.

Ich empfange Ihren Brief vom 30. v. Mts., welcher sich mit dem Meinigen vom 26. kreuzte, auf dessen Inhalt ich mich beziehe. Der Ihrige meldet mir den Versand von 48 Säcken Mehl, durch die Fuhre Denis.

Bei ihrer Ankunft werde ich den Verkauf bestens besorgen, und Ihnen von dem Resultate meiner Bemühungen (démarches) in dieser Hinsicht Bericht erstatten.

Die Getreide - Geschäfte sind in diesem Augenblick ohne Bedeutung, und alle Gedanken richten sich auf die künftige Ernte, die man, allem Vermuthen (prévisions) nach, für eine gute gewöhnliche halten kann.

Der Roggen (seigles) wird fortwährend ausgeboten; die Gerste (orges) behält noch ihre Festigkeit. Das Mehl gibt stets Verlust bei der Fabrication; und da das heurige im allgemeinen zur Erhitzung geneigt ist, so macht dies die Käufer außerordentlich vorsichtig (circonspects).

Wir legen Ihnen ein Briefchen (pli) bei, welches wir bitten, dem Herrn G. Oubril übergeben zu lassen.

Sich kreuzen, croiser.

Fuhre, charrette, f.

Bericht erstatten, faire part.

Getreide=Geschäfte, les affaires en blés.

Sich richten, se porter.

Die künftige Ernte, la récolte prochaine.

Halten für, estimer à.

Wird fortwährend, continuent d'être.

Behalten, garder.

Das Mehl gibt, les farines offrent

Da das heurige ꝛc. geneigt ist, la tendance qu'ont en général celles de cette année à s'échauffer.

Beilegen, ajouter.

Zucker - Sendung.

71.

In Folge des mir mit dem werthen Ihrigen vom 28. Dec. ertheilten Auftrags, habe ich das Vergnügen, Ihnen hiemit Factura über die bestellten 2 Fässer rohen (terré) Zucker zu übermachen, betragend Fr. 7000 —, welche ich in Ihr Debet getragen, und die in meiner Tratte auf Sie, 60 Tage dato, zahlbar sind.

Diese beiden Fässer wurden durch die Fuhre des bekannten (nommé) Charlier aus St. Omer, in Fracht zu Fr. 3. per 50 Kilogr. verladen, um binnen (en) acht Tagen an Sie abgeliefert zu werden.

Unsere Raffinaden (raffinés) halten sich; aber in Melis thut man wenig. Die Kaffee sind noch in demselben Stand der Schlaffheit (torpeur), und deren Preise werden immer geringer. Blos in Surinam hatten wir wieder einiges Leben. Uebrigens ist aller Großhandel seit einem Monat wie verschwunden.

In Folge des mir ertheilten Auftrags, conformément à l'ordre que vous me donnez.

Die bestellten, que vous m'avez commis.

Betragend, elle s'élève à.

Die zahlbar sind, payables.

Durch die Fuhre, sur la voiture.

Im Lohn, au prix.

Abliefern, délivrer.

Sich halten, se soutenir.

Wenig, peu de chose.

Der Preis wird immer geringer, le cours va toujours plus faiblissant.

Wieder einiges Leben in ..., un peu d'activité sur.

Großhandel, les affaires en gros.

Wie verschwunden, à peu près nulles.

Ausgeführter Auftrag.

72.

In der gestern beendeten Auction kaufte ich für Sie
25 Kisten gut Bengal=Indigo,
wovon Sie gefällige Vormerkung nehmen wollen.

Die Gebote (offerts) erfolgten im Ganzen nur langsam,
und Vieles wurde zurückgezogen (retiré), indem die Eigner
sich nicht zu den erniedrigten Preisen verstehen wollten.

Die Verladung Ihrer 25 Kisten geschieht nach Hamburg,
mit dem Schiffe Luisa, zur Fracht von . . . . mit 10%
Primage, und nächste Post werde ich die Ehre haben, Ihnen
mit den betreffenden Documenten aufzuwarten. Der angebogene
Bericht, worauf ich Bezug nehme, sagt Ihnen ein Mehreres
über den Stand unseres Marktes.

Erfolgten, se suivaient.   Mehreres, quelques détails.

Indigo - Markt.

73.

Unsere Indigo=Vorräthe belaufen sich auf 20,000 Kisten,
und darunter sind alle ordinäre und mangelhafte Qualitäten
begriffen. Quatimalo=Indigo besteht in ungefähr 500 Suro=
nen *). Harter, jedoch guter Cortes gilt Fr. 9, mittel (moyen)
Fr. 10, vorzüglicher Fr. 11. Assortirt man sich von diesen
verschiedenen Qualitäten, so ist kein Zweifel (nul doute) bil=
liger anzukommen. Wir können Ihnen 11 Kisten Bengal
vorschlagen, wovon man eine fein Violet, und 10 gut Rothviolet,

---

*) Oder Serone ist ein Ballen feine ostindische, in ungegerbter Ochsen=
haut gepackte, trockene Waare.

in schönen Stücken (en belles pièces) mit wenig Bruch bei Abnahme des Ganzen nehmend (à tout prendre) zu Fr. 15 das $^1/_2$ Kilogr. abschließen könnte (ferait).

Sich belaufen, se porter.	Ankommen, traiter.
Darunter, parmi lesquelles.	Bengal, en fait de Bengale.
Besteht, se compose.	Mit wenig Bruch, ayant peu de grabeau.
Harter Cortes, un cortès dur.	
Assortirt, assorti dans.	

Gutschrift einer Verkaufsrechnung.

74.

Der Postenlauf ist seit einiger Zeit sehr unregelmäßig, indem auch Ihr geehrter Brief vom 12. eine ungewöhnliche Verzögerung erlitten hat. Derselbe überbringt mir endlich Verkaufsrechnung über die 100 Ballen Kaffee, betragend Fr. 20,000, welche ich Ihnen gleichförmig belastet habe.

Ich danke Ihnen, daß Sie bei (à l'occasion) diesem Abschlusse mein Interesse so gut bedient haben; meinerseits werde ich auch alles Mögliche thun, unsern Briefwechsel ferner recht nützlich zu machen (utiliser).

Postenlauf, le service des postes.	Das Interesse gut bedienen, servir les intérêts.
Ueberbringen, apporter.	Alles Mögliche thun, mettre tous les soins à.
Abschluß, réglément.	

Deposito-Waaren.

75.

Ich habe die Ehre, Sie zu benachrichtigen, daß Herr Goutard Sohn hartnäckig die Waare anzunehmen verweigert, weil dieselbe nicht der angegebenen Qualität entspricht, und Sie übrigens gegen sein Interesse gehandelt (agi) haben. Demzufolge hat er:

2 Fässer Oel,
2 „ Mandeln,
1 Sack Safran

bei mir niedergelegt und sich die Frachtspesen mit Fr. 277. — laut eingereichter Nota, vergüten lassen. Sagen Sie mir nun, was Sie mit der Waare zu thun gedenken.

Für Ihre 40 Ballen Kaffee werde ich leicht Absatz finden, indem unser Enterpot von dieser Bohne (graine) gänzlich geräumt ist. Ich selbst habe bei der Ausladung einige Muster herausgenommen, aber statt Java, ganz reinen Cheribon gefunden. Bevor wir abgeben (traiter), müssen wir wegen der Benennung (dénomination) Ihres Kaffees und dessen Preises einig sein.

Die angegebene rc., se trouver conforme à la qualification.

Gegen sein Interesse, au mépris de ses intérêts.

Zu thun gedenken, entendre faire.

Niederlegen, déposer.

Leichter Absatz, la vente facile.

Geräumt, démuni.

Bei der Ausladung rc., tirer des échantillons au moment de le débarquer sur le quai.

Bericht aus Cette.

76.

Die ³/₆ Sprit hielten sich auf unserm letzten Markttag.
Beziers hat 500 Stück gefunden und genommen. Diese Zahl
(chiffre) ist die höchste, die wir seit der Ernte gehabt haben.
Der Cours der ³/₆ ist gestern in Pezenas für Cette auf
Fr. 31. festgesetzt worden. Auf Lieferung im November und
December ist starke Nachfrage. Die Branntweine (spiritueux)
empfinden auf allen mittäglichen (du midi) Märkten eine be=
deutende Erhöhung.

Jeder Eigenthümer hofft zum Versand tauglichen Wein
zu haben; das geringe vorräthige Quantum macht, daß jeder
genug Fässer besitzt (a), um seine Weine darin aufzubewahren
(loger). Daher (de là) kommt's, daß keine Branntweinbren=
nerei (distillerie) arbeitet, weil man keine Weine (matière)
findet, und gar keine Marktpreise existiren.

Schon ist man auf dem Lande gewesen, wo die Eigen=
thümer sehr hohe Forderungen stellen (font); sie gehen (sont)
bis auf (de) Fr. 1. — die Velte überhaupt, und zu diesem
Preise hat man schon in Frontignan eingekauft.

Eine bedeutende Erhöhung, une hausse elevée.

Zum Versand tauglichen Wein, du vin propre à l'expédition.

Vorräthige, qu'il y a.

Arbeitet, n'est active.

Gar keine Marktpreise existiren, que les cours de nos marchés sont nuls.

Ist man auf dem Lande gewesen, la campagne a été parcourue.

Nahe Ankunft eines Reisenden.

77.

Ich habe die Ehre Ihnen anzuzeigen, daß mein Rei=
sender, Herr Nicot, in Kurzem dort eintreffen und das Ver=
gnügen haben wird, Sie zu besuchen (voir). Außer den

Muſtern meiner Fabrik, welche in plattirten Servicen beſtehen, führt er auch ein neues Sortiment Muſter aus Pariſer Fabriken bei ſich. Die Billigkeit ſeiner Preiſe und die Sorgfalt, mit der ich Sie bedient habe und ſtets bedienen werde, laſſen mich hoffen, daß Sie die Güte haben, ihm Ihre Beſtellungen aufzubewahren (reserver).

Anzeigen, prévenir.
In Kurzem eintreffen, être sous peu.
Dort, dans votre ville.
Plattirte Servicen, couverts plaqués.

Führt er auch bei ſich, il est aussi porteur.
Mit der ich Sie ꝛc., j'ai mis et que je mettrai toujours à vous servir.

Verweigerung reclamirter Abzüge.

78.

Die übertriebenen Abzüge, welche Sie mir aufzubürden gedenken, muß ich geradezu verwerfen, und kann eben ſo wenig die Beweggründe, auf die Sie ſich ſtützen, anerkennen.

Hier ſprechen unwiderlegbare Thatſachen, ſonſt würde ich ohne Anſtand die erwähnte Vergütung unterſchreiben. Denn der Commiſſionair ſteht nicht für die Folgen einer Preis-Veränderung, verzichtet alſo auch auf den Nutzen, der bei eingetretener Erhöhung vorkommen kann, und ſo werden Sie den Billigkeitsgefühlen Gehör geben.

Stützen, s'appuyer.
Unwiderlegbare Thatſachen, des faits incontestables.

Billigkeitsgefühl Gehör geben, a voi écouter la voix de la raison.
Nutzen, bénéfices.

Auskunft.

79.

Das Haus Lugo genießt Ansehen und einen wohl verdienten Credit, der durch Klugheit und Bescheidenheit noch mehr befestigt (consolidé) wird. Es gilt (passe) nicht für reich, dennoch ist das Kapital, wie man sagt, hinreichend für seinen Handel, den der Chef mit eben soviel Einsicht als Ordnung betreibt (conduit).

Was Herrn G. Buchner in Marseille anbetrifft, so wird uns auch dieser als ein vollkommen braver Mann geschildert (donné), der Vermögen und ein vortheilhaftes Etablissement besitzt (possédant) und auf volles Zutrauen Anspruch machen kann. Soviel (ceci) zu Ihrer gefälligen Richtschnur (gouverne) bei den etwa einzugehenden Verbindlichkeiten, ohne eben einige Gewährschaft von unserer Seite dabei leisten zu wollen.

Einsicht, intelligence.
Ordnung, régularité.
In Anspruch nehmen, prétendre.

Bei den etwa einzugehenden 2c., dans vos engagements à prendre.

Offerten in Fabrikwaaren. — Mustersendung.

80.

Ihrem Wunsche gemäß, finden Sie beigeschlossen einige Muster von gestreiften und glatten Atlas. Die farbigen kosten (sont) 20 gr. und die schwarzen 16 gr., die Brabanter Elle, Wechselzahlung, mit 5 %, Rabatt gegen comptant (argent comptant).

Die weißen Calicots, ohne denselben couranten Abgang wie früher darzubieten, werden noch immer zu den festgesetzten

Preisen gemacht; der ungebleichte (écru) wird mit anscheinender Erhöhung verkauft. — Die Leinwand (toiles) ist etwas angenehmer geworden. — In feinen Kattunen hat man noch kein Geschäft eröffnet. — Es wird vermuthet, daß die leichten Winter-Wollen-Gewirke schon der Gegenstand einiger Bestellungen gewesen seien. — In (sur) den Wollenzeugen hält es schwer, Geschäfte einzuleiten, und die Käufer ziehen sich von den Forderungen der Verkäufer zurück. — Die Berichte aus Elbeuf sind etwas beruhigender; sie lassen in den Umsatz der Tücher neue Belebung erwarten.

Unser Reisender, Herr Benoit, wird die Ehre haben, Ihnen in den nächsten Tagen seine Aufwartung zu machen. Seine Musterkarte (montre) enthält die neuesten Stoffe, welche uns bedeutende Aufträge von Ihnen hoffen lassen.

Gemäß, conformément.

Gestreiften und glatten Atlas, satin rayé et uni.

Die farbigen, ceux de couleur.

Wechselzahlung, argent de banque.

Denselben couranten Abgang, le même courant d'affaires.

Werden noch immer zu den festgesetzten Preisen gemacht, continuent à se traiter aux prix fixés.

Mit anscheinender Erhöhung, avec apparence de hausse.

Ist angenehmer geworden, ont été mieux vues.

In feinen Kattunen, les indiennes.

Noch kein Geschäft eröffnen, ne présenter aucune ouverture d'affaires.

Die leichten Wollengewirke, les tissus légers de laine.

Hält es schwer Geschäfte einzuleiten, les affaires sont difficiles à s'engager.

Sich zurückziehen, se retirer.

Beruhigend, rassurant.

Neue Belebung erwarten, croire à quelque réprise.

Umsatz, écoulement, m.

Die neuesten Stoffe enthalten, offrir de nouveautés.

Fabrik-Dele in Lüttich.

81.

Ich ersehe aus Ihrem Werthen vom 4. dieses, daß Sie die Absicht haben, Ihrem Drogueriehandel unsere Fabricate beizufügen, und zu diesem Ende verlangen Sie von mir einige Auskunft über deren Erntezeit mit den verschiedenen Kosten, denen sie unterworfen sind. Ich beeile mich also, Ihnen in Beziehung dieses Wunsches einige Details zukommen zu lassen (transmettre).

Man zählt mehrere Gattungen (espèces) Oele, sie sind: von (celles) Reps=, Mohn=, Lein= und Hanf=Samen. Diese Oele werden (sont) mittelst Windmühlen fabricirt, deren es ungefähr 300 in dem einzigen Bezirke Lüttich gibt; man verkauft sie nach der (à la) Tonne, welche den Inhalt eines Hectoliters ausmacht und bezahlt baar. Die Einkaufs=Commission ist 2 %, und die Unkosten per Tonne sind:

Für ganze Bereifung (cerclé en pleine) Fr. 1. —
" Bergypsen (plâtrage) . . . . , . " — 50
" Abwägen (pesée) . . . . " 5. —

Noch kann man nichts Bestimmtes (de positif) über die Ernte dieser Oelpflanzen sagen, indessen läßt alles hoffen, daß sie ziemlich gut ausfallen wird. Ich werde seiner Zeit nicht unterlassen, Sie davon zu unterrichten.

Die Absicht haben, être dans l'intention.

Unsere Fabricate, la partie des huiles de notre fabrique.

Deren Erntezeit, l'époque de leur récolte.

In Beziehung, qui sont rélatifs.

Raps, colza.

Mohn, pavot.

Lein, lin.

Hanf, chanvre.

Mittelst, par moyen.

Bezirk, arrondissement.

Den Gehalt ausmachen, être de la contenance.

Oelpflanzen, plantes oléagineuses.

Waaren - Offerten.

82.

Obgleich Sie uns bis jetzt noch nicht mit einer Einkaufs-
Ordre auf Colonialwaaren beehrt haben, fahren wir nichts
destoweniger fort, Sie mit diesen Artikeln bekannt zu machen,
in der Hoffnung (espérant), daß dieses Ihnen von einigem
Nutzen sein und Sie veranlassen könnte, in Geschäftsverbindung mit uns zu treten.

Unser Verkehr (rélations) mit Amerika und die beträcht-
lichen Partien, welche wir theils (soit) auf Lager, theils unterwegs haben, setzen uns in den Stand, unsere Freunde auf's
Beste zu bedienen.

Vor Kurzem sind drei von Rio kommende Schiffe mit
Kaffeeladungen in unserem Hafen eingelaufen (entrés). Dieser Zuwachs (renfort) hat ein solches Sinken der (dans les)
Preise bewirkt (opéré), daß sie die Aufmerksamkeit der Specu-
lanten fesseln (fixer) mußten.

Wir sind der Meinung, daß directe Zufuhren der Con-
sumtion nicht genügen, und daß die Preise im Laufe des
nächsten Monats sich wieder heben werden.

Belieben Sie uns mit Ihren Aufträgen zu beehren.

Bekannt machen, tenir au courant.
Veranlassen, engager.
In Geschäftsverbindung treten, se
lier d'affaires.

Auf Lager, en magasin.
Sich wieder heben, reprendre faveur.

Waaren-Bestellung.

83.

In höflicher Erwiederung Ihrer werthen Zuschrift vom
18. dieses, danke ich Ihnen für die gemachten (de vos) Dienstanerbietungen verbindlichst. Mit (c'est avec) Vergnügen

biete ich zu einem gegenseitig nützlichen Briefwechsel die Hand, in der Hoffnung, daß Sie mein Interesse auf's Beste beherzigen werden.

Ich freue mich, daß Sie mir einen Credit von 2 Monaten bewilligen werden; nach dieser Frist empfangen Sie pünktlich meine kurzsichtigen Rimessen auf Ihrem Platze. Ist Ihnen dieser Vorschlag genehm, so bitte ich, mir durch mein Schiff **Herkules**, Capitän **Thomson**, nachstehende Waaren, in schöner Qualität und zu den billigsten Preisen, zu senden, nämlich:

20,000 ℔ Sirup, in Tonnen zu 700 ℔,
10,000 ℔ Kaffee.

Den Betrag belieben Sie durch wohl bekannte Versicherer zeichnen zu lassen, und über jeden Artikel eine besondere Factura auszufertigen. —

Die außerordentliche (extrême) Geldnoth, die wir hier empfinden, hat in die Speculationen einige Entmuthigung gebracht; daher (aussi) haben mehrere hiesige Häuser ihre Baumwollen-Aufträge widerrufen.

Die Hand bieten, prêter la main, (fut.)	Ausfertigen, dresser.
Auf's Beste beherzigen, prendre à cœur.	Geldnoth, pénurie d'argent.
	Empfinden, ressentir.
Nach dieser Frist, passé ce terme.	Gebracht, jeté.
Genehm sein, agréer.	Widerrufen, contremander.

Antwort.

84.

Wir sind sehr erfreut gewesen, mit Ihrem Werthen vom 20. v. M., einen Auftrag zu erhalten, gegen den wir in Betreff der Zahlungsweise nichts einzuwenden haben. Sie werden gewiß mit unserer Bedienung (ministère) zufrieden sein.

Den Sirup haben wir zu Mk. 27, und den Kaffee zu 12¹/₂ ß. für Ihre Rechnung erstanden (obtenu). Die Waare befindet sich am Bord Ihres Schiffes Herkules, welches in wenig Tagen absegeln wird.

Außer dem Verladungsscheine erhalten Sie angebogen zwei Facturen über

20 Tonnen Sirup und

10 Fässer Kaffee,

betragend zusammen Mark Bco. 10270. —, welche Summe wir zu 3 % Prämie gegen Seegefahr versichern ließen.

Der Kaffeemarkt gewinnt reges Leben. Die gute Meinung für den Artikel befestigt sich, und hie und da zeigt sich Spekulation, bedeutungsvoll (majeure) genug eine leichte Besserung in den Preisen hervorzurufen.

Im Allgemeinen sind die Geschäfte getheilt und vereinzelt; auch fehlt es an regelmäßigen Operationen (transactions), welche, sich jeden Tag erneuernd, Course festsetzen, auf die man fußen könne. Weit entfernt davon, (loin de là), sind die Preise fast alle nominel, und den Launen der wankelmüthigen Eigner unterworfen, die ganz ihre Absicht verbergen, oder deren Forderungen unerreichbar (inabordables) sind.

Erfreut sein, être charmé.

Nichts einzuwenden, rien à répliquer.

Zahlungsweise, mode de paiement.

Absegeln, mettre à la voile.

Seegefahr, risques et fortunes de mer.

Reges Leben gewinnen, acquérir faveur.

Befestigt sich, va se consolider.

Hie und da, partiellement.

Die Spekulation zeigt sich, la spéculation commence à naître.

Eine leichte Besserung hervorrufen, provoquer un faible amendement.

Getheilt und vereinzelt, divisées et éparses.

Festsetzen, établir.

Fußen, se baser.

Wankelmüthige Eigner, les détenteurs peu persévérants.

Ihre Absicht ganz verbergen, cachent tout-à fait la main.

Forderung, prétention. f.

Ueber lagernde Weine.

85.

Während Ihrer beiden Briefe empfingen wir von unserm Reisenden folgende Berichte (instructions) in Betreff der verschiedenen Colli, mit denen wir Anstand haben, und die uns in Deutschland lagern, und führen Ihnen an (voici), was er uns aus Amsterdam meldet (dit):

„Ich mache mich auf den Weg (je pars), um Preußen „zu bereisen, und hoffe in zwei Monaten in Berlin zu sein. „Falls Sie bis (d'ici à) zu diesem Zeitpunkte nicht alle „Anstände (litiges) mit den Dispositionsgütern in Deutschland „ordnen können, werde ich nicht verfehlen, mich ernsthaft damit „zu beschäftigen. Kann ich im Laufe meiner Reise, wie ich „hoffe, einige Fässer Wein in (à) meinen Placirungen ver= „wenden (effectuer), so werde ich die Gelegenheit dazu ergreifen, „und dieses soll (ce serà là) besonders mein Hauptaugenmerk „sein."

Demzufolge können wir uns vor dem Eintreffen (passage) unseres Reisenden nicht entschließen, vielleicht die Hälfte auf Weine zu verlieren, deren Qualität und Preis wir sehr gut kennen; da wir nicht fürchten, daß dieselben Schaden neh= men, wenn Sie nur die Güte haben, sie auffüllen und ab= ziehen zu lassen.

Wenn Sie durch Ihre gütige Vermittlung nicht den er= wünschten Preis für unsere 10 Stück Weine erhalten können, so wird Sie unser Reisender bei Wegschaffung der Waare für Ihre Vorschüsse decken.

Während, dans l'intervalle.
Mit denen wir 2c. lagern, que nous avons en souffrance et en dépôts en Allemagne.
Dispositionsgüter, des laissées pour compte que nous avons en etc.
Im Laufe, si dans le cours.
Dazu ergreifen, en saisir.

Hauptaugenmerk, point de mire.
Schaden nehmen, avarier.
Auffüllen, remplir.
Abziehen, tirer à clair.
Gütige Vermittlung, officieuse in- tervention.
Bei Wegschaffung, en faisant en- lever.

Factura. — Ziehung. — Marktbericht.

86.

Wir haben Ihren geehrten Brief vom 23. v. Monats richtig empfangen, wie auch die Beilage von unserm verehrten Freund Modier, dem wir unsere volle Dankbarkeit für die Zuweisung Ihrer schätzbaren Bekanntschaft zu erkennen geben werden. Unsere Bemühungen (efforts) sollen einzig und allein dahin zielen, seinen Empfehlungen alle Ehre zu machen.

Es ist uns gelungen, die 10 Ballen Baumwolle Castellamare zu Ihrem Limitum, welches 180 Ducaten war, in vorzüglichster Qualität anzuschaffen.

Angebogen erhalten Sie (vous avez) die Factura darüber, betragend Duc. 2473. —, welche Sie uns gutzuschreiben belieben.

Die Waare ist bereits an die Adresse des Herrn C. Lanti in Mailand unterwegs, um in 90 Tagen zu Fr. 240 per (du) Decimal-Centner, nach Amiens geliefert zu werden.

Ihrer Verordnung gemäß ziehen wir heute auf die Herren Gebrüder Pignotti in Paris für Ihre Rechnung:

Frs. 6000. — —   3 Monat dato, eigene Ordre,
„ 5128. 25 cent.   im Cours zu 90 sous per
Frs. 11128. 25 cent. Ducaten,

welche Sie den Bezogenen zur Ausgleichung (solde) dieser Sendung bestens empfehlen wollen.

Wir hoffen, daß dieser Versuch die Veranlassung (le gage) zu ferneren vergrößerten Bestellungen sein wird, da wir Ihnen stets Beweise von der Beachtung Ihres Interesses geben werden.

Erst gestern sind 200 Ballen nach Mustern (sur échantillons), in gangbarer Sorte, zu 181 Duc. gekauft worden. Die Georgie langfaserig haben ebenfalls einigen Aufschwung gehabt. Die Brasil bestehen nur in Ausschußwaare. Man glaubt,

9*

daß die Spekulation noch bedeutende (nombreux) Einkäufe herbeiführen dürfte. Die herrschenden Westwinde lassen hoffen, daß die aus Nordamerika mit Baumwollenladungen erwarteten (venant) Schiffe bald erscheinen werden.

Wie auch die Beilage, ainsi que celle qui y était jointe.

Für die Zuweisung, pour nous avoir procuré.

Erkennen geben, témoigner.

Dahin zielen, viser à.

Gelingen, parvenir, réussir.

Unterwege sein, faire route.

Der Bezogene, le tiré, le mandataire.

Zu ferneren vergrößerten Bestellungen, d'une suite de commissions plus importantes.

In gangbarer Sorte, ressortant en courant.

Langfaserig, de longue soie.

Einigen Aufschwung, de la vogue.

Ausschuß-Waare bestehen, se composer de parties de rebut.

Die herrschenden Westwinde, les vents soufflant d'Ouest.

Bald erscheinen, ne pas tarder à paraître.

Zucker-Offerte mit Waarenberichte.

87.

Wir nehmen uns die Freiheit Ihnen angebogen unsere neueste Preisliste einzusenden, mit dem Wunsche, daß Sie viel Anständiges darin finden mögen.

Unser Vorrath (provision) in Zucker Bourbon wird täglich geringer, und die Preise ziehen neuerdings an. Fast das ganze Quantum kommt von Eignern aus (en) erster Hand. Von klein Brod Melis können wir Ihnen 10 bis 12 Fässer zu Fr. 70 offeriren, ein gewiß billiger Preis. Nach (sur les) Cacao ist Frage, und Festigkeit im Pfeffer. Die Baumwollen nehmen einigen Aufschwung, so daß die couranten Sorten sparsam zu werden anfangen. Die Consumation des Kaffees ist bei der Preis-Befestigung fast regungslos. Das bemerkbarste Geschäft sind (est celle de) 850 Säcke

Porto Rico, von (provenant) dem Schiffe Minerva, wovon die Hälfte der Spekulation, und die andere Hälfte den Mittel-Grossisten zu Fr. 52. verkauft worden ist. Ein Loos von 200 Säcken Bourbon zum Abliefern bereit, ist in Ermangelung richtiger Lieferung gestrichen (résilié) worden.

Die Oele haben ihren niedrigsten Standpunkt erreicht, obgleich es schon lange ist, daß sie rückwärts gehen. Die großen Spekulanten geben fortwährend ab, welches auch der Preis dafür sein mag.

Da die Dampfschifffahrt in dieser Jahreszeit mit dem Norden unterbrochen ist, so erleiden nothwendiger Weise die Export-Einkäufe einen Stillstand.

Geld findet man (se) leicht auf Valuten, die Sicherheit gewähren, man gibt aber keines für Papiere zweiten Ranges (ordre).

Ihre werthen Befehle erwartend, zeichnen wir mit Achtung.

Unsere neueste Preisliste, le dernier bulletin de notre marché.

Viel Anständiges, bien des choses à votre convenance.

Wird täglich geringer, diminue chaque jour.

Neuerdings anziehen, acquérir une nouvelle extension.

Fast das ganze Quantum, la presque totalité.

Einigen Aufschwung nehmen, avoir quelque vogue.

Sparsam werden, s'épuiser.

Bei der Preisbefestigung, avec raffermissement de prix.

Fast regungslos, à peu-près inactive.

Wovon die Hälfte verkauft worden ist, dont une moitié est placée par.

Mittel Grossist, demi-gros.

In Ermangelung richtiger Lieferung, faute de conformité dans la livraison.

Erreichen, arriver.

Niedrigste Standpunkt, la dernière période.

Daß sie rückwärts gehen, qu'elles sont en marche rétrograde.

Die großen Spekulanten, les gros faiseurs.

Fortwährend abgeben, ne cesser d'en donner.

Dampfschifffahrt, la navigation par bateaux à vapeur.

Sich sieht, se trouve.

Nothwendiger Weise einen Stillstand erleiden, subir forcément un temps d'arrêt.

Die Sicherheit gewähren, offrant des garanties.

Branntwein-Einkauf mit Weinberichten.

88.

Auf unserm letzten Markte in Pezenas *) haben wir die
gütigst verlangten 30 Stück Branntweine, holl. Probe zu
Fr. 15 °/₀ für Sie eingekauft, und werden sie morgen nach
unsern Weinlagern (magasins) in Cette liefern lassen, wo sie
zu Ihrer Verfügung bleiben. Das Getränk ist rein von Ge-
schmack (franche) und wird gewiß Ihren Beifall erhalten.

Wir ertheilen Ihnen anderseits Rechnung darüber, und
debitiren Sie für deren Betrag mit Fr. 6500. Wie Sie selbst
angegeben, erwarten wir Deckung in Ihren Tratten, 3 Monate dato, auf Lyon.

In Villeveyrac verspricht die Rebe (vigne) starke (forts)
Weine; La Clairette, im Handel unter dem Namen Pic-
c a r d a n bekannt, zeigt sich ebenfalls sehr gut. Aber die Pi-
q u e p o u l, deren Weinstock den leichten (petit) weißen Wein
gibt, und den der (par le) Norden unter der Benennung
(nom) Côtes-blanc so sehr begehrt, ist überall mißrathen
und es steht zu befürchten, daß diese Sorte (qualité) nicht alle
Nachfragen wird befriedigen können.

Holl. Probe, preuve d'Hollande.	Deren Weinstock gibt, ce cepage
Getränk, liqueur, f.	qui donne.
Deckung, remboursement, couver-	Benennung, la dénomination.
ture.	Mißrathen, mal réussi.
Im Handel bekannt, qui donne le	Befriedigen, suffire à.
vin connu dans le commerce.	

---

*) Die drei Städte Pezenas, Beziers und Lünel, in Languedoc, haben die
bedeutendsten Branntweinmärkte in Frankreich.

Antwort.

89.

Aus Ihrem werthen Schreiben vom 16. dieses ersehe ich mit Vergnügen den gütigst besorgten Einkauf der 30 Stück Branntweine holl. Probe, worüber Sie mir Factura ertheilen, betragend Fr. 6500, die ich Ihnen gutgeschrieben habe.

Zur Ausgleichung dieses Postens übermache ich Ihnen auf ungestempeltes (non timbré) Papier:

Fr. 4000 auf 3 Uso
. 2630 auf 100 Tag dato ⎬ auf J. Moreau in Lyon

Fr. 6630 zu 98 pCt. macht . . . . . Fr. 6497. 40 C. wofür Sie mich nach Empfang erkennen wollen.

Meine Branntweine senden Sie gefälligst zu Wasser an Herrn Friedr. Lamey in Chalons ⁸/₈ unter dem Zeichen C. A. Nr. 1 — 30, und sorgen für die gute Bereifung (rebattage) der Fässer, damit sie unterwegs keine Leckage (coulage) erleiden.

Von ¾ Sprit würde ich 10 Stück nehmen, wenn Sie dieselben zu Fr. 30, aber ja nicht höher (au-dessus), ein-kaufen könnten; sonst verzichte ich darauf.

Den gütigst besorgten, que vous avez soigné. Annehmen, accepter.
Verzichten, renoncer.

Rückantwort.

90.

Wir empfingen Ihren werthen Brief vom 24. v. Mts., womit Sie uns Fr. 6630. in Ihren beiden Tratten auf J. Moreau in Lyon, den 30. Juni und 10. Juli zahlbar, zu übermachen beliebten, die wir Ihnen seiner Zeit mit 2 %, Verlust in Fr. 6479. 40 C. gut bringen werden.

Ihre 30 Stück Branntweine sind gestern mit Schiffer (patron) Paul, im Lohn zu Fr. 4. 50 C. an Herrn Fried. Lamey in Chalons ⁴/₈ zu Ihrer weitern Verfügung abgegangen.

Die Ausführung Ihres neuen Auftrags auf 10 Stück ³/₆ Sprit konnte zu Ihrem Limitum unmöglich Statt finden, da man diese Probe auf letztem Markttage in Beziers bis Fr. 30. 75. gesteigert hat, zu welchem Preise der Cours festgesetzt worden ist. Nach der Notirung (fixation) zogen sich aber die Käufer zurück und wollten nur Fr. 30. 25 dafür geben.

Die Weine haben Aufschwung genommen, in Folge bedeutender Bestellungen (commandes) von Pariser Häusern.

Abgehen, partir.	Zogen sich zurück, ont reculé.
Steigern, pousser.	Haben Aufschwung genommen, ont fait
Zu welchem Preise, auquel prix.	une pointe à la hausse.

Vermischten Inhalts.

91.

Unsere Verbindung mit dem Hause Laporte gestattet uns, Ihnen einige Auskunft (renseigner) über dasselbe zu geben. Es genießt einen moralischen und finanziellen (financier) Credit und beachtet (met) gehörige Vorsicht (prudence) in seinen Geschäften.

Finden Sie es angemessen, mir eine Bestellung zu geben, so belieben Sie dieselbe mit einem Musterverzeichniß zu begleiten. Wir ziehen auf 3 Monate (terme) bei Ablieferung in Paris. Die Waare geht mit der Eilfuhre (accéléré) von Rouen.

Von der Kiste B. Nr. 2 hat man vergeblich den Adressat (destinataire) in Mailand gesucht. Wir begreifen nicht, wem wir diese falsche Angabe zuschreiben sollen (attribuer), und sind untröstlich (désolés) über dieses Mißverständniß (mal-entendu). Damit Ihr Interesse nicht darunter (en) leidet, so stellen wir die Verfallzeit unserer Tratte um 2 Monat zurück (réculer); den Abschluß (réglement) unserer Lieferungen im (du) Monat März werden Sie uns aber anschaffen (adresser), und den übrigen Theil (complément) der Summe zu den früheren (précédentes) Verfallzeiten folgen lassen.

Es ist nicht immer leicht, die Stellung (position) eines Hauses genau zu kennen. Oft, ohne daß sein Vermögen einen Schaden erlitten, kann dennoch der Credit dadurch allein (par cela seul) um vieles geschwächt werden (s'altérer), wenn (s'il en) es ihn ohne die gehörige Schonung benützt, wie (que) es eine wohlverstandene Zurückhaltung erfordern dürfte. Der Schwindler gibt es heut zu Tage so viele!

Wir wünschen, daß die Verhältnisse sich bessern und es uns erlaubt sein möge (doit) den ersten Impuls zu unserer Verbindung (rapports) geben zu können. —

Von Indigo sind die Bengalen die gesuchtesten Sorten; die blauen und fein-violetten für Italien. Es wäre uns sehr angenehm, wenn Sie es angemessen (convenance) fänden, daß wir irgend ein Geschäft für Sie machen könnten Wir haben 6 Fässer Orlean, welche an Lebhaftigkeit der Farbe, wie an Feinheit und Trockenheit des Teiges (pâte) nichts zu wün-schen übrig lassen. —

Es ist uns gelungen (parvenu) die Versicherung auf die Ladung Mentor mittelst Vergütung (retenue) storniren zu lassen.

Ihre 12 Säcke Pfeffer nahm ich in Empfang (livraison); die Sensale haben ihn geschätzt (arbitré) und für unverkäuf-lich erklärt. Was ist jetzt damit anzufangen? —

Mit den Gebrüdern Soulier steht es schlecht; ich habe also auf die 10 Fässer Zucker Beschlag gelegt und sie darüber quittirt.

Die Classificirung (classement) der Ladung Achilles hat begonnen. Die Gebrüder Fournier haben in Bausch und

Bogen (à forfait) abgeschlossen. Es war ein guter Kauf (marché).

Soeben hat man öffentlich (aux enchères) 30 Säcke weißen Havannah-Zucker, vom Seewasser beschädigt, zu Fr. 28 bis 30 verkauft (placé); ich denke, daß man schöne Qualitäten zu ungefähr (aux environs) 40 bis 42 Fr. erhalten könnte.

Angemessen finden, entrer dans les convenances.

Bestellungen geben, faire une demande.

Musterverzeichniß, mémoire d'échantillons.

Falsche Angabe, vicieuse indication.

Schaden erleiden, éprouver atteinte.

Benützen, faire usage.

Die gehörige Schonung, mettre tout le ménagement.

Erfordern, commander.

Wohlverstandene Zurückhaltung, une réserve bien entendue.

Schwindler, faiseurs de dupes.

Angenehm sein, être bien aise.

Lebhaftigkeit der Farbe, couleur vive.

Trockenheit, siccité.

Storniren, restorner.

Unverkäuflich, non-marchand.

Schlecht stehen, branler au manche.

Beschlag legen, mettre arrêt.

Von Seewasser beschädigt, avariés d'eau de mer.

Markt-Berichte.

Montpellier.

98.

Da wir annehmen, daß unser Platz Ihre Aufmerksamkeit in Anspruch nehmen wird (doit fixer), weil Sie in Materialwaaren Geschäfte machen, von denen hier und in der (nos) Umgegend mehrere erzeugt und fabricirt werden, (viennent d'être) so erlauben wir uns, Ihnen beiliegenden Preis-Courant zu übermachen und einige Details über unsern Handel anzuführen.

Trockener Grünspan hält sich fest auf 30 Sous, nasser (humide) auf 16 Sous, und crystallisirter auf Fr. 3. Die andern Farbstoffe haben sich seit Eröffnung der Seeversendungen merklich gehoben.

Catalonien versieht uns stets mit schönen Pfropfen (bouchons), welches uns in den Stand setzt, die feinen ausgesuchten Sorten (qualités) zu Fr. 14 das Tausend zu notiren (coter). — Gelbe Kreuzbeeren sind durchaus selten. — Neue Wanfarbe (gaude) ist schön. — Die eingemachten (en saumure) Oliven werden hier sehr gut zubereitet. Die Anschovis (anchois) de Maille könnte man sich jetzt das Fäßchen von gewöhnlicher Größe (contenance) zu Fr. 9 bis 10 verschaffen. Der Luzernsaamen ist, wegen der gehabten geringen Ernte, ziemlich theuer.

Da die Blüthe der Mandelbäume (amandiers) glücklich vorüberging, so wird die Lese in Quantum und Qualität gut ausfallen; noch hat dieser Artikel keine bestimmten Preise, doch vermuthet man, daß sich die Schalenmandeln (à la dame) auf Fr. 32. —, feine Krachmandeln (celles à la princesse) auf Fr. 70. —, und die süßen ohne Schalen (cassées) auf Fr. 50 festsetzen werden.

Unser Platz liefert auch in bester Qualität und zu billigen Preisen den Safran Orange, den Pastel von Albi, weißen Narboner Honig, Fustel, weiße und marbrirte trockene Trüffel, gelbes gereinigtes (épurée) Wachs, Lakrizensaft, in platten und runden Stangen aus Calabrien oder Bayonne, Alizaris oder Krappwurzel (garance), leichte Galläpfel, (galles légères), inländisches Gummi (gomme de pays), Antimonium (antimoine) und Meerfenchel (salicot).

Die heurige Weinlese (vendanges) ist schlecht ausgefallen. Nicht viel besser ist es mit den Rhône-Weinen, die alle etwas grün sind, weil die Trauben nicht den gehörigen Grad von Reife erlangten. Die Muscate, besonders die (ceux de) Beziers, haben wenig Fett (graisse). In Roussillon bezahlt

man die Weine von der Ebene (plaine) bis zu Fr. 40. die
Laſt (la charge) von 5 Vierteln (veltes), ohne Faß und auf
der Mutter (lie); ſie ſind hart und farblos (peu couverts).
Unſere St. Gilles, St. Georges und Langlade ſind beſſer
und haben viel Stärke (corps); nur Schade, daß der Ertrag
nicht ſehr reichlich geworden iſt.

Wir wünſchen, daß Ihnen dieſe Berichte intereſſant genug
ſcheinen, um Sie zu neuen Aufträgen zu bewegen, mit denen
Sie uns ſchon längere Zeit nicht beehrt haben.

Annehmen, supposer.

In Materialwaaren Geſchäfte machen,
  faire la partie de drogueries.

Fabricirt werden, se fabriquent.

Sich feſt halten, se soutenir ferme.

Farbſtoffe, drogues de teinture.

Merklich geheben, sensiblement
  augmenté.

Verſehen, approvisionner.

Gelbe Kreuzbeeren, graines jaunes
  (d'Avignon).

Luzernſame, graines de Lucerne.

Wegen der gehabten geringen Ernte,
  en raison de la modique
  récolte que nous en avons eue.

Blüthe, floraison, f.

Da vorüberging, s'étant effectuée.

Wird gut ausfallen, en sera belle.

Beſtimmten Preiſe, de prix ouverts.

Sich feſtſetzen, s'établir.

Marbrirt, marbré.

In platten und runden Stangen, en
  billes plates et rondes.

Dann kommen, viennent en suite.

Nicht viel beſſer iſt es, il n'en est
  guère mieux.

Die alle etwas grün ſind, qui ont
  tous un point de verdeur.

Den gehörigen Grad von Reiſe erlangen, atteindre tout le degré
  de maturité.

Nur Schade, c'est dommage.

Daß der Ertrag nicht ſehr reichlich
  geworden iſt, que le produit
  n'en soit guère abondant.

Fécamp s.

93.

Die 12 Fahrzeuge von Terre-Neuve, dieſem Hafen ange-
hörend, haben ihre Rückkehr mit vollſtändiger Ladung vollen-
det (effectuer). Der Stockfiſch, ohne auf einen hohen Preis

zu stehen (être), ist nach Maßstab (à mesure des) der Zu=
fuhren abgesetzt worden, und es gab keine Ueberfüllung (en-
combrement) davon. Der Preis war immer zwischen (de)
Fr. 37. und 38. das Faß (tonne). Die beiden in (la) letzter
Woche angekommenen Ladungen haben zu Fr. 37. 50 leicht
Abnehmer gefunden. Im Allgemeinen ist der Stockfisch sehr
gut; und in dieser Hinsicht ist man den Capitänen und See=
leuten, die sich mit diesem Fischfange (pêche) beschäftigen,
alles Lob schuldig.

Der frische (verte) Stockfisch ist auch zu den Preisen
von Fr. 18. und 20. die 50 Kil. ziemlich rasch abgegangen.
Dieser Handel gewinnt (prend) übrigens eine merkbare Aus=
dehnung auf unserm Platze: man zählt schon 19 Fahrzeuge,
welche nach den Gewässern von Neufoundland abgehen sollen,
unter denen sich mehrere von 200 Tonnen befinden.

Man rüstet (arme) in diesem Augenblicke (September) die
Fahrzeuge (bateaux) für den Häringsfang aus.

Fahrzeug, bâtiment.
Mit vollständiger Ladung, avec leur
   chargement complet.
Stockfisch, morue.
Auf einen hohen Preis, à un prix
   élevé.
Ist abgesetzt worden, s'est écoulée.
Es gab keine . . . davon, il n'y
   a point eu.
Alles Lob, des éloges.

Seeleute, marins.
Ziemlich rasch abgehen, s'écouler
   avec assez de facilité.
Merkbare Ausdehnung, augmenta-
   tion sensible.
Die Gewässer von Neufoundland, les
   eaux de Terre-Neuve.
Unter denen, au nombre desquels.
Sich befinden, il y en a.
Häringsfang, la pêche du hareng.

Nantes.

94.

Die Bestürzung (l'alarme), durch die vielen unlängst ausgebrochenen Fallimente veranlaßt, hat den größten Theil der
Baumwollen-Bestellungen rückgängig gemacht; die Preise
(cours) folgen jenen von Havre langsam nach. Auch in dem
Verlaufe (écoulement) der Fabrikate herrscht große Stille. —
Die Manille Zucker, welche in den Abgaben eine Vergünstigung genießen, werden schon ziemlich begehrt; an feinen Raffinaden ist stets Mangel. Die Preise bei den neulich verkauften 200 Fässern Zuckersirup (mélasses) sind nicht bekannt
geworden. — Alle Gattungen Oele sind entwerthet; die neue
Preisverminderung kommt von der großen Ueberfüllung
(engorgement) her, die wir von dieser Flüssigkeit haben. — Der
Pfeffer (poivres) ist aus seiner Flauheit getreten: einige
Großhandlungen haben 300 Säcke gute leichte Qualität zu
Fr. 91 erhandelt (traité). — Die Indigo-Preise sind schwan-
kend (vacillants). — Die fremden rohen Häute erholen sich
nicht von ihrer Flauheit (calme), in die (où) sie versunken
sind. — Den neuen russischen Talg notirt man nominel zu
Fr. 61. —; ohngefähr 100 Fässer (futs) gelben Licht-Talg
sind zu Fr. 58. — abgegeben worden. — Der Sirup findet
schlechten Abgang. — Die Eisenwaaren sind ziemlich begehrt.
— In Getreide (grains) geht fast nichts um: wir haben keine
Hoffnung mehr, diesen Artikel regsam (reveillé) zu sehen,
bevor nicht die allgemeinen Resultate von der Ernte bekannt
sein werden; die Eigner sind geneigt von den Preisen abzugehen. — Unbesonnene Geschäfte haben momentane Hemmung
(gène) in den öffentlichen Fonds hervorgebracht.

Durch die vielen ausgebrochenen, par
   les nombreuses ... qui ont
   éclateés.

Rückgängig machen, faire contre-
   mander.

Langsam nachfolgen, se trainer sur.

Fabrikate, des produits fabriqués.

In den Abgaben eine Vergünstigung, une faveur de droit.

Fleißig begehrt, convoités.

Sind nicht bekannt geworden, n'ont point transpiré.

Zufuhren, aménages, gebräuchlicher arrivages und renforts.

Ein Fallen der Preise, une dépression.

Entwerthet, frappées de marasme.

Preisverminderung, affaiblissement des prix.

Es ist Mangel an, il y a pénurie de.

Aus der Flauheit treten, sortir de l'engourdissement.

Großhandlung, maison de gros.

Rohen Häute, les cuires en poil.

Sich erholen, se relever.

Versunken, plongés.

Licht-Talg, suif à chandelles.

Notirt man nominel, se cote nominalement.

Schlechten Abgang finden, être dur (lourd) dans la vente.

Die Eisenwaaren, les articles de fer ouvré.

Ziemlich begehren, commissioner passablement.

Geht fast nichts um, les affaires sont à peu-près nulles.

Von den Preisen abzugehen, à faire des concessions.

Unbesonnene Geschäfte, opérations à la legère.

Marseille.

95.

Die Bedürfnisse, zu denen gewöhnlich die Wiederaufnahme (reprise) der Geschäfte in diesem Jahre Veranlassung (lieu) geben, muntern uns auf, Ihnen einige Berichte mitzutheilen, und wir benützen mit Vergnügen diese Gelegenheit, um uns in Ihr freundschaftliches Andenken zurückzurufen (rappeler) und hier die wesentlichsten Artikel unseres Platzes anzuführen.

Die gelben persischen Beeren (la graine) spielen eine weit verschiedene Rolle als (de) verflossenes Jahr, zu welcher Zeit Sämmtliches (en totalité) mit sehr hohen Preisen aufgeräumt wurde.

Die Zufuhren von Galläpfel sind bedeutungslos. Die schwarzen, vollkommen ausgesuchten (triées à fond) Sorten Fr. 1. 30; die grünen dunkeln (vertes foncées) Fr. 1. 20.

Ein neulich von Senegal eingetroffenes Schiff brachte nicht mehr als 200 Säcke Gummi, und so (de manière que) bleibt diese Gattung (espèce) auf Fr. 90. Dagegen würde man jene aus der Barbarei angekommene Quantitäten zwischen Fr. 48. und 50. erhalten können.

In Safran kein Absatz. Dagegen bleiben die Eigner für neue ägyptische und spanische Waare hartnäckig auf Fr. 130. stehen.

Unser Vorrath von Quatimalo-Indigo besteht in 500 Seronen, worunter viele geringe (basses) Sorten befindlich sind. Harter, jedoch guter Cortes gilt Fr. 9., vorzüglicher Fr. 11. Als besonders vortheilhaft könnten wir Ihnen 11 Kisten Bengal vorschlagen, wovon eine fein Violett, und 10 gut roth Violett, mit wenig Bruch, die man, das Ganze nehmend (à tout prendre), zu Fr. 15. das $^1/_2$ Kil. abschließen könnte (ferait).

Die graue Cochenille ausgesucht, gilt (vaut) Fr. 19. — Cremor Tartari Fr. 73. — Krystallisirter Tartari (les cristaux de tartre) Fr. 62. Bleisalz (sel de saturne) Fr. 75. — Der römische Alaun (alun) weicht nicht von Fr. 23, er ist sehr ächt (véritable) und ohne Mischung.

Die Farbhölzer (bois de teinture) bleiben fest; der Fernambuck unter andern Fr. 10. An Blauholz (campêche) haben wir Mangel; das St. Martinholz (le St. Marthe) kostet Fr. 100, hat aber weißes Holz (chargé d'aubier),

Endlich Fabrik-Oele zur See versendbar auf Fr. 46. Zu Land Fr. 62. das Minerolle. Die Ernte bietet stets dieselben Wahrscheinlichkeiten dar (apparences): Ueberfluß in der Provence und mittelmäßiger Ertrag in Languedoc.

In Sicilien sagt man (on annonce), haben die Oliven gelitten, und der Wurm fängt an Schaden anzurichten.

Indem wir uns auf die anderseitigen weiteren Notirungen beziehen, bitten wir Sie, die Versicherung unserer vollkommenen Hochachtung zu genehmigen.

Aufmuntern, engager à.
Zu welcher Epoche, époque à laquelle.
Aufgeräumt wurde, fut enlevé.
Bringen, apporter.
Jene aus der Barbarei 2c., les quantités que nous avons reçues de celle de Barberie.
Bleiben hartnäckig, persistent dans leur tenacité.

Harter Cortes 2c., un Cortes dur et bon.
Bengal, en fait de Bengale.
Mit wenig Bruch, ayant peu de grabeau.
Fest bleiben, se soutenir.
Schaden zu bringen, faire désavantage.

Toulon.

96.

Da sich unser Getreidevorrath jeden Tag vermindert, so hält man auf die Preise. Alle Augenblicke erwartet man Zusendungen aus der Bretagne. Die Gemüse sind äußerst flau (chôment); von den Bohnen (haricots) aus Chalons ist der Absatz besonders träge (lent).

Die Oele werden theurer. Das Spiel der Marseiller Spekulanten (haussiers), durch die verspäteten Zufuhren zur See besonders unterstützt (servi), hat den Artikel, wie es regelmäßig am Ende jeden Monats geschieht, in die Höhe getrieben.

Es hängt von mancherlei Umständen ab, um im März und April an einen starken Abschlag zu glauben, da zu dieser Epoche (époque où) die Produktionsländer, von (par) einer reichhaltigen (abondante) Ernte begünstigt, große Quantitäten Oel nach Marseille liefern (verseront), welche die täglichen Bedürfnisse, die unser Departement seit mehreren Monaten allein befriedigt, überschreiten werden.

10

Die rein abgezogenen Fabriköle (huiles lampantes) fehlen auf dem Plaße. Speiseöle aus Italien, in guter Qualität, könnte man zu Fr. 120. die Milleroſle erhalten.

Sich vermindern, s'amoindrir.	Am Ende jeden Monats, à la fin de chaque mois.
Getreidevorrath, existence en blés.	In die Höhe treiben, faire monter.
Hält man auf, sont bien tenus.	Es hängt von mancherlei Umſtänden ab, il y a beaucoup de chances.
Durch die verſpäteten Zufuhren, par le retard qu'éprouvent les arrivages.	
	Befriedigen, alimenter.
	Ueberſchreiten, excéder.
Wie es geſchieht, comme cela a lieu.	Speiseöle, celles à bouche.

Havre.

27.

Seit einigen Tagen herrſcht eine bedeutende Bewegung auf unſerm Plaße, und mehrere Artikel haben eine merkbare (prononcée) Erhöhung erlitten. Die Zucker ſind nach und nach auf Fr. 84, 86 und 88 getrieben worden, zu welchem Preiſe man gegenwärtig die gute 4. Qualität bezahlt. Man vernimmt, daß Bordeaux und Marſeille, obgleich ſie weit niedriger notiren, dieſe Regſamkeit zu theilen anfangen. Paris tritt gleichfalls mit 5 cent. Steigerung auf die raffinirten Zucker aus ſeiner Lauheit hervor. Dieſe plößliche (rapide) Preiserhöhung iſt vielleicht zu heftig (précipitée), als daß ſie von Dauer ſein könnte; inzwiſchen (toutefois) gründet ſich dieſelbe auf allgemein bekannte Thatſachen.

Die Haiti-Kaffee werden geſucht. Da die Spekulanten mit den Ordres-Inhabern für die Ausfuhr zuſammenwirken, ſo kann dieſer Umſtand dem fernen Schickſale dieſer Bohne nur günſtig ſein.

Zwei Schiffe aus (venus de) Neu-Orleans mit 340 Ballen Baumwolle, haben bei (dès) ihrem Einlaufen den Befehl erhalten, nach Liverpool zu segeln (relever pour), weil jetzt der dortige (ce) Markt über (sur) den unsrigen Vortheil im Verkaufe darbietet. Indessen folgen gewöhnlich starke Einkäufe auf Flauheit, und bald (sous peu) werden wir von bedeutenden Geschäften auf Lieferung hören, besonders da der Markt-Vorrath von guter Baumwolle aufgeräumt ist.

Ueber die Ladung Baumwolle mit dem Schiffe Washington, das in Cork vor Anker lag, ist ein widriges Geschick verhängt; bei (près) 1300 Ballen, die auf das Schiff Mary gebracht wurden und für unsern Hafen bestimmt waren, sind sammt (avec) dem Schiffe eine Beute (la proie) der Flammen geworden. Diese Baumwollen waren auf Lieferung verkauft, und werden schwerlich zu ersetzen sein.

Aus Martinique haben wir erhalten: eine Ladung (grenier) Blauholz; aus Newyork: zwei Ladungen Faßdauben (douvelles), und Cedernholz (cédre); aus Bordeaux: 708 Stück (bûches) Fernambuck; aus dem Norden: zwei Ladungen Dielen (planches). Endlich eine kleine Partie Rennthier-Hörner, die öffentlich zu Fr. 30. die 50 Kilogr. versteigert worden sind.

Herrscht, il s'est fait.

Treiben, pousser.

Zu welchem Preise, un prix auquel.

Die gute 4te Qualität, la bonne quatrième.

Weit niedriger notiren, encore bien au-dessous de nos cours.

Diese Regsamkeit theilen, sanctionner ce mouvement.

Aus seiner Lauheit hervortreten, venir de sortir de son inaction par.

Von Dauer sein können, être durable.

Gründet sich dieselbe, elle est basée.

Die Ordres-Inhaber, les porteurs d'ordres.

Zusammenwirken, agissant d'ensemble.

Das Einlaufen, l'entrée.

Folgen auf Flauheit, le calme succède . . aux.

Markt-Vorrath, l'approvisionnement du marché.

Aufgeräumt ist, se trouve épuisé.

Das vor Anker lag, en relâche.

Ist ein widriges Geschick verhängt, un sort fatale s'attache au.

Bestimmt waren, en destination.

Werden schwerlich zu ersetzen sein, il sera difficile de les remplacer.

Oeffentlich versteigert werden, être adjugé.

Bordeaux.

OS.

Die Colonialwaaren haben durchaus keine Festigkeit auf dem Continent, seitdem sich die politischen Angelegenheiten in einem Zustande der Gährung befinden. Die Preise gehen von einem Extrem zum andern über, und man bedarf aller Vorsicht, um bedeutenden Verlusten zu entgehen.

Kaffee. Das Sinken ist bemerkenswerth. Farbigen gut ord. Domingo hat man zu Fr. 45 verkauft. Dieß sind (voilà) vermuthlich die Grenzen, wohin (où) die Spekulation die Preise herabzudrücken hoffte; zu dem jetzigen Cours bietet er nicht viel gefährliche Chancen dar. Die aus St. Jago eingetroffene Ladung besteht im Allgemeinen aus ord. Kaffee, ohne irgend (aucune) eine Nüance über gut verkäuflich. Die aus Rio angekommenen (venus) 50 Fässer hat man noch nicht untersucht (sondé). Unser disponibler Vorrath (existence) von (en) Havanna ist bis auf weniges eingegangen (réduit).

Zucker. Von der steigenden Bewegung des Zuckers läßt sich das Ziel (terme) nicht voraussehen. Die Berichte aus Guadeloupe über den schlechten Zustand der Ernte, bedeutende Ordres von Außen und täglicher Bedarf unserer Raffineurs haben die Eigner, troß der erhöhten Preise, die man ihnen bietet, zum Verkaufe sehr hartnäckig (difficiles) gemacht, denn die gute 4te Qualität, die man anfänglich zu Fr. 78 erhandelte (traitée), ist später auf Fr. 82 gestiegen. Es ist zu befürchten, daß ein so schnelles (rapide) Steigen den durch (les) die Umstände gegebenen (lui ont donné) Impuls abhalte, und daß der zu große Aufschwung die Käufer zurückstoße. Die niedern Sorten werden von unsern Raffineurs gesucht; mehr als 2000 Brod (pains) Melis und Bastard (batards), sind auf einen einzigen Börsentag zu Fr. 100. bis 112, für eine mehr oder weniger roth befleckte Qualität, aufgekauft (enlevés) worden.

Vanille. Die schöne, lange, krystallisirte (givrée) Vanille fehlt, nicht krystallisirte erhält man zu Fr. 32. das Pf.

China. Kein Artikel ist so sehr den augenblicklichen Veränderungen unterworfen (sujet), wie dieser; bald verlassen, nachdem er stark in die Höhe ging, fällt er um 25 cent., um gleich darauf 25 cent. wieder zu steigen.

Orlean. (Cayenne). Diese Farbe war seit langer Zeit vernachlässigt; jedoch hat man soeben einige Käufe zusammen 110 Fässer, zwischen 38 und 40 Fr. gemacht.

Sarsaparille. Was wir besitzen (avoir), geht nach und nach fort. Ohngefähr 50 Fässer Vera-Cruz frei von Erde, sind zu Fr. 85—90. verkauft worden.

Festigkeit, stabilité.
Gährung, effervescence.
Gehen .. über, sautent.
Man bedarf aller Vorsicht; toute prudence est nécessaire.
Bedeutende Verluste, pertes considérables.
Bemerkenswerth, digne de remarque.
Farbigen, avec couleur.
Die Preise herabzudrücken hoffte, attendait que la baisse amenât les prix.
Gefährliche Chancen, chances de perte.
Besteht, se compose.
Gut verkäuflich, du bon débit.
Steigende Bewegung, mouvement de hausse.

Von außen, pour le déhors.
Täglicher Bedarf, des besoins journaliers.
Den Impuls abhalten, arrêter l'impulsion.
Zurückstoßen, faire reculer.
Die niedern Sorten, les basses matières.
Auf einen einzigen Börsentag, dans une seule bourse.
Roth befleckte, tachées de roux.
Augenblickliche Veränderungen, fluctuations subites.
Bald verlassen, tantôt délaissé.
Fallen, éprouver une baisse de.
Fortgehen, s'en aller.
Frei von Erde, dégagée de terre.

London.

99.

Die finanzielle Krifis ift beendigt; bedeutend find die un=
benützten Capitalien und die im Handel bemerkte Befferung
wird natürlich einen Theil diefer Gelder (capitaux) aufzehren.

Die Maffe der amerikanifchen Tratten, welche in den Ma=
nufaktur=Bezirken proteftirt zurückgekommen waren und die
Gefchäfte gelähmt hatten, wurde von der Londoner Bank,
welche den amerikanifchen Häufern Beiftand leiftete, honorirt.

Es ift alfo nicht befremdend, daß der Spekulationsgeift
bei weitem in der City (cité) nicht fo thätig ift, als in den
übrigen (autres) Theilen des Königreichs, wo kaum die Er=
fchütterung (choc) gefühlt worden ift. Unfere Verfendungen,
die lange Zeit aufgehalten wurden, haben einen neuen Auf=
fchwung (essor) genommen und ftellen fich jetzt von einer
andern Seite dar.

Die Baumwollen=Einkäufe in Liverpool für den allei=
nigen Verbrauch im Innern (du pays) überftiegen 180,000
Ballen, was dazu diente, ein gewiffes Leben (élan) in den
Gefchäften hervorzubringen. In (à la) Neuorléans und Egypten
befindet fich eine große Menge von Waaren in Ladung nach dem
Continent von Europa und namentlich nach Rußland, welches
nur fehr wenig von den finanziellen Stockungen der Vereinigten
Staaten zu erleiden hatte. Indeffen glauben wir nicht, daß
eine bedeutende (étendue) Ausfuhr in den Baumwollen=Zeugen
ftattfände, was eigentlich den vorzüglichften Ertrag (produit)
in dem Handel diefes Artikels ausmacht.

Der Kaffee, feit einiger Zeit gedrückt (déprimé), fängt
an, fich wieder etwas zu heben, (relever), befonders die Sorten
der englifchen Pflanzungen. Die Privatgefchäfte waren fehr
befchränkt, nichts deftoweniger fahren die Eigner fort, die frühern
vollen Preife zu verlangen.

Von Bastard=Zucker hat man große Partieen ausge=
schifft und sie zu 13 sh. bis 14 sh. abgeschlossen. Von dem
guten doppelt raffinirten Stampf=Zucker findet man selbst
zu 32 sh. wenig Verkäufer.

Der Thee=Verbrauch ist gestiegen (accru), und troß
der übermäßig hohen Besteuerung (droit énorme) wird er noch
um die Hälfte niedriger verkauft, als unter der Monopol=
Verwaltung. Die Einnahme (recettes) hat wenigstens um
eine Million zugenommen (gagné) und das Volk, wenn es
gleich ein Drittel mehr verbraucht, zahlt doch zwei Mil=
lionen weniger.

Der Ertrag der nordischen Fischerei wird nur
sehr mittelmäßig ausfallen (sera); 15 Schiffe, welche die
Gewässer (mers) von Grönland besuchten, haben fast nichts
gewonnen (pris), indem sie nur 10 Tonnen Wallfischbarten
(fanons) liefern. Das Endresultat der nach Davis=Straits
bestimmten Schiffe ist noch nicht bekannt.

Bedeutend, nombreux.

Besserung, amélioration.

Wird aufzehren, amenera la consommation.

Manufaktur=Bezirken, districts manufacturières.

Lähmen, paralyser.

Beistand leisteten, secourable.

Bei weitem, loin d'être.

Gefühlt, ressenti.

Aufgehalten, arrêtées.

Verbrauch, consommation.

Uebersteigen, dépasser.

Finanzielle Stockungen, les embarras
financiers.

Zu erleiden haben, avoir à souffrir.

Stattfände, se fasse.

In den Baumwollen=Zeugen, pour
les étoffes de coton.

Englische Pflanzungen, de plantations
britanniques.

Bastard=Zucker, sucres batards.

Ausschiffen, mettre à terre.

Hamburg.

100.

Wir hatten nicht Unrecht, der plötzlichen (subite) Steigerung der Kaffeepreise zu mißtrauen. Schon scheint sie ihren Endpunkt (maximum) erreicht zu haben. Alle, seit einigen Tagen eingelaufenen (venues) Berichte von London, Amsterdam und Bremen bringen uns flaue oder rückgehende Preise. Ueberall wird die frühere Meinung für eine fernere Entwerthung dieses Artikels vorherrschend.

London war der erste Markt, welcher der aufsteigenden Bewegung der Kaffeepreise cafés) ein Ziel setzte, und Hamburg gab Veranlassung (l'impulsion) dazu. Außerordentliche große (nombreux) Zufuhren aus Westindien bestimmten die Haupteigner, die augenblickliche Lebhaftigkeit (activité) zu benützen und sich ihrer alten Lager (provisions) rasch zu entäußern. Die dadurch an den Markt gebrachten großen (grosses) Partieen befriedigten die Nachfrage für Holland bald und verscheuchten den Muth der Spekulanten. Die Lebhaftigkeit ließ plötzlich nach und eine drückende Stille trat an deren Stelle; London allein bot (mit) 1700 Fässer in öffentlicher Versteigerung an, welches die Preise auf den vorigen Standpunkt zurückgesetzt hat. Die Quotationen des beifolgenden Preis-Courantes (les cotes ci-incluses) sind nach den Resultaten dieser Verkäufe regulirt (réglés) worden.

Die Baumwolle bleibt vernachläffigt, und wegen der herrschenden Flauheit ist ein Sinken darin erfolgt; obgleich nun die Preise billiger (doux) geworden sind, so bemerkt man doch keine Rückkehr von Zutrauen (reprenne). Unsere Vorräthe fangen an sehr lästig (lourdes) zu werden.

Von Indigo gibt es wenig vorzügliche, hart kräftige Qualitäten; mehrere Partieen haben matte Farbe; im allgemeinen sind die Indigos etwas steif (pressés) und windbrüchig (éventés). Von den ordinären Zeichen ist eine große Auswahl zu treffen (à faire), weil sie weniger gut behandelt sind, was stets geschieht, sobald (lorsque) ein leichter Verkauf nicht aufmuntert, der Fabrication gehörige Sorgfalt zuzuwenden.

Die englischen Hopfenpreise sind gewichen, dürften sich aber, wenn die naßkalte, den Pflanzungen schädliche Witterung anhält, wieder heben.

Die Wollenpreise zeigen keine Festigkeit, und es läßt sich auch nicht wohl eine Aenderung daraus abnehmen. Diejenigen, die nur mit ihrem Capital operirten, schlagen nicht los, weil es ihnen unmöglich scheint, daß die Course niedriger gehen, während (tandis que) jene, die Verbindlichkeiten zu erfüllen haben, Opfer bringen (font), deren Bedeutsamkeit (importance) nur einen momentanen Einfluß ausüben kann.

Erreichen, atteindre.

Flaue oder rückgehende Preise, des cotes faibles ou rétrogrades.

Wieder vorherrschend werden, prédominer.

Fernere Entwerthung, une nouvelle dépréciation.

Ein Ziel setzen, mettre fin.

Der aufsteigenden Bewegung, aux mouvements de la hausse.

Aus Westindien, provenant des Antilles.

Bestimmen, engager.

Haupteigner, principaux détenteurs.

Sich entäußern, se défaire.

Die dadurch gebrachten, qu'on avait apportées.

Befriedigen, remplir.

Den Muth verscheuchen, décourager.

Ließ nach, s'arrêta.

Eine drückende Stille trat an deren Stelle, un calme absolu en prit la place.

Zurücksetzen, réduire.

Auf den vorigen Standpunkt, à leur taux primitif.

Bleibt vernachläßigt, continue à être négligé.

Wegen der herrschenden Flauheit, par suite du calme qui règne.

Ein Sinken, quelque baisse.

Bemerken, voir.

Hart kräftige, et bien pierrées.

Matte Farbe, de la faiblesse dans la couleur.

Gut behandelt werden, être soigné.

Gehörige Sorgfalt zuwenden, donner des soins.

Dürften sich wieder heben, ils reprendront faveur.

Naßkalt, froid et humide.

Den Pflanzungen schädliche, qui est si nuisible aux plantations.

Festigkeit zeigen, présenter de fixité.

Eine Besserung daraus abnehmen, induire une faveur.

Nicht losschlagen, garder.

Niedriger gehen, descendre plus bas.

Fallit = Gegenstände.

Uebertragung einer Forderung.

101.

Wir haben Ihren geehrten Brief vom 9. d. richtig em=
pfangen. Sie übermachen uns damit Ihre Delegation von
Fr. 2000 auf Goutin, als Liquidation bei seiner Masse.

Wir mußten uns mit den Curatoren (syndics) deßwegen
verständigen und die Bezahlung bis zum 2. Juli verschieben
laffen, nachdem uns die Gründe vernünftig auseinander gesetzt
worden sind. Dagegen werden Sie hoffentlich keine Einsprüche
machen, und verbleiben daher mit aller Freundschaft ergebenst.

Sich verständigen, s'entendre. Einsprüche machen, former opposition.
Auseinander setzen, référer.

Ausgebrochene Fallimente.

102.

Das Haus Mirandot hat sich gestern insolvent erklärt;
noch in den letzten Tagen stellte es für mehr als 50,000 Franken
Eigen=Wechsel aus, welche sich in den Händen unserer Bankiere
befinden.

Dagegen ist Herr Ricoti wieder an die Spitze (à la tête)
seiner Geschäfte gestellt (remis). Wäre es zur Abtretung
seines Vermögens gekommen, so würde ich pro Rata meiner
Forderung mit den andern Gläubigern theilen.

Unser Platz hat seit Kurzem bedeutungsvolle Erschütte-
rungen erlitten. Remasius gab den ersten Anstoß (secousse)
durch seinen betrügerischen Bankerott; sein Fall (chute) führte
die übrigen herbei. Der Sturm scheint noch nicht vorüber
(finie), und man befürchtet weitere traurige Folgen.

Insolvent erklären, déclarer sa dé- confiture.	Pro Rata, aller au sous la livre. Herbeiführen, provoquer.
Eigen = Wechsel ausstellen, émettre des billets.	Sturm, bourrasque.
Vermögens-Abtretung, abandon des biens.	Traurige Folgen, des suites (con- séquences) funestes.

Status eines Hauses.

103.

Die gänzliche Stockung der Geschäfte und das zuneh-
mende Sinken aller Waarenpreise (marchandises), als natür-
liche Folge dieser verhängnißvollen (fatale) Handels = Crisis,
hat soeben mehrere der vorzüglichsten Häuser gezwungen, ihre
Zahlungen einzustellen.

Unter (de) dieser Zahl sind leider auch die Gebrüder
Fembo, welche durch die plötzliche Entwertbung der Baumwolle so große Verluste erlitten haben.

Nach ihrem Bilanz=Auszug belaufen sich die Passiva nicht
über Fr. 154,000; während (tandis que) die Activa (l'actif)
auf Fr. 184,000 geschätzt (évaluer) werden, was einen Ueberschuß von Fr. 30,000 ausmacht. Da aber theilweise diese
Forderungen schlecht oder zweifelhaft sind, und übrigens die
lagernden Waaren zu hoch angesetzt wurden, so fürchten wir
sehr, besagtes Haus möchte sich bei der Liquidation pari befinden. Es verspricht nach Ablauf (d'ici à) eines Jahres das
Ganze (en plein) zu bezahlen, wenn man ihm diese Frist zum

Incasso seiner Forderungen und zur (la) Realisirung seiner Lager=Vorräthe (dépôts) bewilligen würde.

Die hiesigen Gläubiger haben sich bereitwillig gezeigt, diesem Vorschlag Gehör zu geben, und er wird unfehlbar angenommen werden, wenn die Auswärtigen (étrangers) keine Hindernisse in den Weg legen. Da Sie in der Bilanz mit einer Summe von Fr. 3000 aufgeführt stehen, und es nothwendig ist, daß Sie hier Jemand vertritt, so entbiete ich Ihnen zu diesem Behufe (à cet effet) meine Dienste, mit dem Bemerken, daß auf dem 15. November eine Versammlung (assemblée) der Gläubiger und ihrer Bevollmächtigten stattfinden soll.

Dem allgemeinen Interesse zum Besten, wird es erforderlich sein, die nachgesuchte Frist anzunehmen; denn wären die Gebrüder Fembo gezwungen, sich insolvent (insolvables) zu erklären, so würde sicherlich ein bedeutendes Deficit für die Gläubiger daraus erfolgen.

Die gänzliche Stockung, la stagnation absolue.

Zunehmend, progressif.

Vorzüglich, marquant.

Entwerthung, dépréciation.

So große Verluste erleiden, éprouver un si rude échec.

Die Passiva, les dettes passives.

Einen Ueberschuß machen, produire un excédant.

Forderung, dette active.

Die lagernden, qui restent à vendre.

Bei der Liquidation, lorsqu'il s'agira de liquider.

Zum Incasso seiner Forderungen, pour opérer la rentrée de ses créances.

Wird angenommen werden, elle passera.

Hinderniß in den Weg legen, y mettre obstacle.

Aufgeführt stehen, se trouver porté.

Jemand vertreten, représenter quelqu'un.

Mit dem Bemerken, vous faisant observer.

Bevollmächtigten, fondés de pouvoirs.

Stattfinden sollen, devoir y avoir.

Zum Besten, pour le bien.

Erforderlich sein, convenir.

Frist, atermoiement.

Nachgesuchte, qui a été réclamé.

Antwort.

104.

Die Verlegenheit (dérangement) der Gebrüder Fembo hat uns sehr überrascht. Wir glaubten sie gegen jeden feind=lichen Angriff gesichert (armés), indem ihr Geschäfts=Zustand stets ein Muster von Solidität gewesen war. Leider sehen wir uns nun in dieser guten Meinung betrogen!

Wir werden inzwischen (toutefois) jedem billigen (rai-sonnable) Vergleich beitreten und überreichen Ihnen angebogen unsere in gehöriger (bonne) Form abgefaßte Vollmacht, welche Ihnen unbedingt für (dans) unser Interesse zu handeln erlaubt.

Haben Sie die Güte (veuillez) uns über das Resultat der nächsten Zusammenkunft zu berichten und indessen die Ver=sicherung unserer vollkommenen Achtung zu genehmigen.

Vergleich, arrangement.　　　Abgefaßte Vollmacht, procuration.
Beitreten, accéder à.　　　　Unbedingt, sans restriction.
Ueberreichen, faire passer.　　Berichten, faire part.

Rückantwort.

105.

In dem Augenblicke, als man definitiv mit den Gebrüdern Fembo abschließen wollte, kam die Nachricht von dem Falliment der Herren Lecombe u. Comp. in Smyrna, bei denen (où) sie mit einer Summe von Fr. 40,000 betheiligt (compromis) sind, welches neue Unglück sie vollends (complètement) zu Grunde gerichtet hat.

Gestern haben sie ihre Creditoren zusammenberufen, um sie zur Unterzeichnung eines Accords zu bewegen (engager);

fie konnten ſich aber nicht vereinen, weil den Buchſchuldnern nur 15°/₀ angeboten wurde, während (tandis que) die Wechſel-Gläubiger 50°/₀ einziehen ſollen (toucheront). Ich befürchte alſo ſehr, daß der Concurs unvermeidlich ſei.

Als man abſchließen wollte, de conclure.	Buchſchuldner, créanciers chirographaires.
Kam, on reçut.	Wechſel = Gläubiger, porteurs des traites.
Zu Grunde richten, ruiner.	Daß der Concurs unvermeidlich ſei,
Zuſammenrufen, convoquer.	qu'ils ne ſe voient contraints
Zur Unterzeichnung eines Accords,	à faire ceſſion.
à ſigner un accomodement.	
Sich vereinen, s'accorder.	

Maſſe - Vertrag.

106.

Die Angelegenheiten der Gebrüder Fembo ſind geordnet: Hier finden Sie (en voici) die Abſchrift des Vergleichs. Da die Maſſe eine nicht unbedeutende Baarſchaft beſitzt, ſo hat bereits eine verhältnißmäßige Repartition unter den Gläubigern ſtattgefunden. Demzufolge habe ich ſoeben einen Dividend von Fr. 600 für Ihre Rechnung einkaſſirt, wofür ich Sie auch ſchuldigſt erkannte. Die ſämmtlichen Schuldforderungen ſollen laut den im Vertrag anberaumten Terminen noch vor dem erſten Januar berichtiget werden.

Bei Herrn Fr. Montey haben ſich die Gläubiger ungleich ſtrenger benommen; denn kaum hatte er ſeine Inſolvenz (insolvabilité) erklärt, als auch ſogleich bei ihm geſiegelt wurde. Alle ſeine Bemühungen, einen Vergleich zu treffen (pour concorder), blieben fruchtlos, und der Concurs konnte nicht vermieden werden.

Geordnet, arrangé.

Vergleich, concordat.

Baarschaft, fond de numéraire.

Verhältnißmäßig, au marc le franc.

Die sämmtlichen Schuldforderungen, la totalité des créances.

Laut den . . . Terminen, aux termes du concordat.

Berichtigen, effectuer.

Sich benehmen, se montrer.

Als auch sogleich gesiegelt wurde, que les scellés ont été mis.

Fruchtlos bleiben, être inutile.

Concurs, l'union des créanciers.

Vermeiden, éviter.

See = Geschäfte.

Assecuranz-Auftrag.

107.

Die Herren Gebrüder Migot in Bordeaux haben für meine Rechnung

12 Fässer Kaffee, A. G. No. 1—12.

an Sie versandt, worüber Sie inliegend den Verladungsschein erhalten.

Haben Sie die Güte, den Kaffee bei der dortigen Assecuranz = Kammer für die Summe von Fr. 4500. decken zu lassen und noch 10°/₀ für eingebildeten Gewinn, Transport und Unkosten darauf zu schlagen.

Gleich bei der Ankunft des Capitäns wollen Sie die Waare ausschiffen und mit erster Gelegenheit an mich abgehen (faire parvenir) lassen.

Decken, couvrir.

Eingebildeten, imaginaire.

Darauf schlagen, y ajouter.

Ausschiffen, débarquer.

Ankunft und Löschung eines Schiffes.

108.

Das Schiff, die Emilie, ist kurz nach Empfang Ihres Werthen vom 2. v. Mts. glücklich hier eingelaufen; es hat seinen alten Ruf bewährt, indem die Fahrt in 20 Tagen zurückgelegt worden ist.

Die Frachtgelder werden wir für Ihre Rechnung einziehen und bedacht sein, daß die Empfänger (réclamateurs) der Ladung, die Herren Arnt u. Comp., die ihnen betreffenden Bedingungen genau erfüllen. Das Getreide (grains) ist noch nicht ausgeschifft, obgleich die 28 Liegetage bald vorüber sein werden. Wir haben Ursache, darüber ungehalten zu sein, indem die Befrachter sehnlich wünschen, ihre Waaren an Bord zu bringen. Erforderlichen Falls werden wir dem Capitän den üblichen Protest als Ursache der Verspätung ausfertigen lassen, damit Sie seiner Zeit gehörigen Orts für die Ueberliegetage Vergütung verlangen können.

Hier einlaufen, entrer dans notre port.

Die Fahrt zurücklegen, faire la traversée.

Die Frachtgelder, le produit du fret.

Einziehen, faire rentrer.

Bedacht sein, veiller à.

Die ihnen betreffenden Bedingungen, les clauses qui les concernent.

Die Liegetage, les jours de planche (les staries).

Befrachter, affréteur.

An Bord bringen, mettre à bord.

Erforderlichen Falls, si le cas le requiert.

Den üblichen Protest, le protêt d'usage.

Als Ursache, pour cause.

Verspätung, retardement.

Seiner Zeit gehörigen Orts, en temps et lieu.

Die Ueberliegetage, la sur-starie.

Vergütung verlangen, se faire indemniser.

Ausfertigen, passer.

Verladung mit Assecuranz-Besorgung.

109.

Wir empfingen mit Ihrer geehrten Zuschrift vom 19. dieses einen Verladungsschein über

100 Ballen Baumwolle und

100 Kisten weißen Havanna-Zucker,

welche Sie die Güte hatten uns pr. Achille, Capt. Dunker, zum Versand einzusenden.

Ihnen für diesen Beweis Ihres schätzbaren Wohlwollens verbindlichst dankend, versichern wir Sie, daß es unsere angelegentlichste Sorge sein wird, eine gute Abrechnung über dieses Geschäft zu liefern. Ihrer Ordre gemäß haben wir die Assecuranz wie folgt, besorgt:

Bco. Mk. 8,000. auf die 100 Ballen Baumwolle und

„ „ 12,000. auf die 100 Kisten Zucker,

Bco. Mk. 20,000, gezeichnet von der hiesigen Versicherungs-Societät zu 2⅟₂ ₰. Wegen der vorgerückten Jahreszeit war eine billigere Prämie nicht zu bedingen.

Wir empfehlen Ihnen den beiliegenden ausführlichen Marktbericht zur gefälligen Durchsicht und sind mit bekannter Hochachtung.

Unsere angelegentlichste Sorge, avoir les soins les plus empressés.

Abrechnung, réglement de compte.

Besorgt, effectué.

Vorgerückt, avancé.

Befrachtungs-Ordre.

110.

Die Herren Salicetti u. Comp. in Paris waren so gütig uns Ihre Adresse mitzutheilen. Wir nehmen uns daher die Freiheit, Ihnen unter deren Begünstigung (auspices) zu schreiben, um (afin) bei Ihnen anzufragen, ob es möglich wäre, sogleich in Ihrem Hafen ein gut gebautes französisches Schiff von (du port de) 130—140 Tonnen zu befrachten, unter den Befehlen eines tüchtigen Capitäns, der ohne Verzug nach Cardiff abfahren könnte, um eine Ladung Metall nach Dünkirchen (en destination pour) einzunehmen.

In Betreff der Fracht (fret) werden Sie trachten, solche zwischen Fr. 30 und 32. per Tonne frei Unkosten zu erhalten, denn nur zu diesen Bedingungen geben wir Ihnen Vollmacht den Vertrag abzuschließen, vorbehaltlich des Bessern, wenn es möglich ist. In der Certepartie lassen Sie 25 laufende Tage für uns bedingen, die sowohl für die Ein= als für die Ausladung des Schiffes rückfällig sind.

In Cardiff müßte sich der Schiffer an die Herren Gebrüder Dechant wenden, um seine Ladung zu begehren, damit solche in Dünkirchen dem Herrn Louis Ramel, unserm Commissionär, übergeben werde.

Befrachten, affréter.	Laufende Tage, jours de planche.
Das unter den Befehlen stünde, qui fût commandé.	Die sowohl . . . rückfällig sind, reversibles sur le chargement et le déchargement.
Der abfahren könnte, pouvant partir.	
Vollmacht geben, autoriser à.	Müßte sich wenden, prendrait l'adresse de.
Den Vertrag abschließen, traiter.	
Vorbehaltlich des Bessern, sauf du mieux.	Begehren, réclamer.
Die Certepartie, la charte-partie.	Damit solche übergeben werde, à l'effet de le remettre.

Prämien-Forderung.

111.

Ohne Ihre werthen Zuschriften, melden wir Ihnen hiemit, daß wir von unsern Versicherern zur Prämien=Zahlung der für Ihre Rechnung besorgten See=Gefahren angegangen und dabei bedroht werden, solche ernstlich einzutreiben, mit

Vorbehalt (sauf à) die Seeschäden (avaries) nachher zu bezahlen, wenn es deren geben sollte (s'il y en avait).

Wir werden es mit Dank erkennen, wenn Sie uns in den Stand setzten, dieselben zu befriedigen, entweder (soit) durch Vorlegung von Papieren (pièces), die zur (à) Compensation oder Eincassirung (recouvrement) dienen können, oder im Nothfalle durch Rimessen, vermittelst derselben (au moyen desquelles) wir den Versicherern bezahlen, was Ihnen gut kommt

Wir dürfen uns schmeicheln, daß sie alle ihnen vorgelegten Gefahren mit außerordentlichem (extrême) Zutrauen annehmen und uns (de notre coté) liegt es daran, dasselbe durch unsere Pünktlichkeit in der Bezahlung der Prämien zu erhalten, oder (soit) ihnen Documente vorzulegen, die sie aufheben können.

Ohne Ihre &c., prives de vos lettres.	Mit Dank erkennen, être obligé.
Hiemit melden, venir dire.	Durch Vorlegung, par la présentation.
Wir angegangen werden, nous stimulent.	Dienen können, pouvoir donner lieu.
Zur Prämien = Zahlung, pour le paiement des primes	Bezahlen, pouvoir compter.
Der besorgten See-Gefahren, des risques que nous avons faits couvrir.	Gutkommen, être dû. .
	Vorgelegten, que nous leur présentons.
Solche ernstlich einzutreiben, de l'exiger.	Daran liegen, être jaloux.
	Aufheben können, y mettre obstacle.

Schiffbruch der Victoria.

118.

Ein von St. Maurice zugleich mit der Victoria abgegangenes Fahrzeug bringt uns die unheilvolle Nachricht, daß dieses Schiff mit Mann und Maus untergegangen ist. Da wir

vermuthen, daß Ihre Versicherer von diesem traurigen Vorfalle schon unterrichtet sind, so belieben Sie den Betrag unserer Versicherung zu fordern und in Cassa für uns zu bringen, was vermuthlich keine Schwierigkeit erleiden wird.

Bringen, apporter.	Fordern, réclamer.
Unheilvoll, désastreux.	In Cassa bringen, encaisser.
Mit Mann und Maus untergegangen ist, a été englouti corps et bien.	Erleiden, souffrir.

Antwort.
113.

Ueber den Unglücksfall der Victoria sind hier ebenfalls
Berichte eingetroffen: das Schiff ging unter, aber die Mannschaft war so glücklich sich zu retten, und wird alle Tage hier
erwartet. Die Versicherer wollen nichts von Bezahlung hören, daher Sie Gefahr laufen, den Verlust Ihres Zuckers tragen zu müssen.

Wie dem nun auch sei, so wird sich wohl die Sache bei
Ankunft des Capitäns genügend erklären, und alsdann zwei-
feln wir nicht, daß die Versicherer besser unterrichtet (informés),
ohne Anstand die versicherte Summe bezahlen werden. Inzwischen gebietet (commande) die Klugheit, uns sogleich eine
von der dortigen Behörde gerichtlich legalisirte Vollmacht einzusenden, um nöthigenfalls den Weg des Rechtens einschlagen
zu können.

Unglücksfall, le sinistre.	Von Bezahlung, quand il s'agit de payer.
Berichte eintreffen, arriver des renseignements.	Sich erklären, s'éclaircir.
Untergehen, couler à fond.	Gerichtlich legalisirte, visée et léga-
War so glücklich, a eu le bonheur.	lisée.
Wird hier erwartet, nous l'attendons.	Von der dortigen Behörde, par les
Alle Tage, d'un jour à l'autre.	autorités compétentes.
Nichts hören wollen, faire la sourde oreille.	Den Weg des Rechtens einschlagen, récourir à la voie judiciaire.

Rück-Antwort.

114.

Da die besorgte Assecuranz nach gesetzlichen (légales) For=
men abgemacht wurde, so befürchten wir nicht, daß es zu ge=
richtlichen Erörterungen kommen möchte. Sollte es jedoch mög=
lich sein, daß eine Assecuranz=Compagnie, deren Existenz sich
auf das öffentliche Zutrauen gründet, sich so weit vergessen
könnte, ihren heiligsten Pflichten zu entsagen, dann sehen wir
die Nothwendigkeit einer Vollmacht sehr wohl ein, und über=
machen sie Ihnen demnach beigeschlossen.

Also im schlimmsten Falle wollen Sie mit aller Strenge
unsere Rechte geltend machen, und jene unredlichen Leute,
ohne Berücksichtigung der Kosten, verfolgen, damit sie der wohl=
verdienten Strafe nicht entgehen.

Da abgemacht wurde, ayant été faite.
Besorgte, que vous avez soignée.
Daß es kommen möchte, qu'il en
    vienne à.
Gerichtliche Erörterungen, des voies
    judiciaires.

Einsehen, concevoir.
Im schlimmsten Falle, au pis aller.
Ohne Berücksichtigung, sans craindre.
Die wohlverdiente Strafe, le châti-
    ment qu'ils méritent si bien.

Verurtheilung der Versicherten.

115.

Zu unserm größten Bedauern müssen wir Ihnen heute
melden, daß Ihr Prozeß (cause) unglücklich ausgefallen und
Sie verurtheilt worden sind. Um Ihnen die Gründe (prin=
cipes) dieser Verurtheilung genau zu bezeichnen, müssen wir
die Sache von der Abreise der Victoria an aufnehmen.

Ausgefallen, perdu.
Genau bezeichnen, éclairer sur.
Aufnehmen, reprendre.

Von der Abreise an, du point de
    départ.

Das Schiff war kaum von St. Maurice abgesegelt (parti), und 60 Meilen vom Lande entfernt, als der Capitän, bei seiner Abreise schon etwas unpäßlich, seinen Gesundheitszustand (son état) dermaßen verschlimmert (empiré) glaubte, daß er den Steuermann (second) zu sich rief und ihn befragte, ob er sich fähig halte, den Befehl über das Schiff zu übernehmen, im Fall er (si lui), der Capitän, sterben sollte. Der Steuermann (pilote) von Furcht befallen, antwortete verneinend, indem er die Beschränktheit (exiguïté) seiner nautischen (nautiques) Kenntnisse vorgab, worauf der Capitän beschloß, nach St. Maurice zurückzukehren. In der folgenden Nacht erhob sich aber ein Sturm (ouragan), und das Schiff bekam (fit) einen bedeutenden Leck, den die Mannschaft durch immerwährendes Pumpen umsonst zu bezwingen suchte. Mehrere Taue mußten gekappt und ein Theil der Ladung über Bord geworfen werden.

Am Morgen befand man sich im Angesichte der Isle de France, und sogleich wurden mehrere Nothsignale gegeben, um einen Lootsen zu bekommen (avoir); allein der Sturm verhinderte dieses, und so beschloß der Capitän, sein Schiff auf den Strand zu setzen, welches bald darauf in Trümmer ging.

Schon etwas unpäßlich, indisposé.

Zu sich rufen, appeller.

Sich fähig halten, se croire capable.

Den Befehl übernehmen, se charger du commandement.

Von Furcht befallen, dominé par la crainte.

Vergeben, alléguer.

Sich erheben, s'élever.

Einen Leck, une voie d'eau.

Durch immerwährendes Pumpen, par le jeu continuel des pompes.

Bezwingen, maitriser.

Taue, manoeuvres, f.

Mußten gekappt werden, il fallut couper.

Ueber Bord, à la mer.

Sich im Angesicht befinden, se trouver en vue.

Nothsignale geben, faire des signaux de détresse.

Lootse, côtier (pilote - côtier).

Verhinderte dieses, s'y opposa.

Auf den Strand setzen, échouer.

Das bald darauf in Trümmer ging, qui ne tarda pas à être brisé.

Aus allen diesen Umständen, welche im Journal aufgezeichnet (consignées) und vom Steuermann (second) und zwei Matrosen unterschrieben sind, sollte nothwendigerweise der Gewinn des Prozesses für Sie hervorgehen; allein die Versicherer haben daraus gefolgert (induit), daß das Schiff zur Seereise untüchtig gewesen sei (l'innavigabilité du navire).

Da der Gerichtshof (tribunal) vorgestern das Urtheil in Ihrer Angelegenheit aussprechen sollte, so begab sich unser Herr (Sieur) Lincot mit Ihrem Rechtsfreund (avocat) dahin.

Bei Eröffnung der Audienz wurde der Capitän, der wieder hergestellt und anwesend (présent) war, gerufen, um (à) seine Aussage (déposition) zu machen, deren wesentlicher Inhalt lautete: „Meine Mannschaft bestand bei der Abreise von „St. Maurice aus 13 Mann, und mein Schiff wurde nach „gehöriger Besichtigung als in gutem Zustande und für seetüch„tig erklärt. Nach meiner Meinung wäre es wesentlich erfor„derlich (essentiel), daß sich auf jedem Schiffe außer dem Ca„pitän noch Jemand befände, der im Nothfalle die Führung „(conduite) des Schiffes übernehmen könnte."

Hierauf (c'est là-dessus) trug der Advocat der Gegenpartei auf die Befreiung der Versicherer an. Das Schiff, sagte er, war keineswegs in seetüchtigem Zustande (navigable), und die Rückkehr nach St. Maurice muß als eine Abweichung

Der Gewinn des Prozesses hervorgehen, résulter gain de cause.
Da . . . das Urtheil aussprechen sollte, devant prononcer sur . . .
Wurde gerufen, fut appellé.
Der wieder hergestellt war, qui se trouvait rétabli.
Deren wesentlicher Inhalt lautete, qui porte en substance.
Bestand aus, se composait . . . de.
Nach gehöriger Besichtigung, dûment visité.

Für seetüchtig erklärt, déclaré navigable.
Daß sich noch Jemand befände, qu'il se trouvât . . . encore une autre personne.
Der im Nothfall übernehmen könnte, capable au besoin de se charger.
Gegenpartei, la partie adverse.
Trug auf die Befreiung an, conclut au déchargement.

von der Fahrt, durch die Untüchtigkeit des Schiffes, und nicht als eine Seenothwendigkeit betrachtet werden, und dieser Fall (cas) mache, so viel man weiß, die Versicherung ungültig, wenn man auch nicht die unvollständige (incompétant) Mannschaft in Erwägung ziehen wollte.

Auf diese Folgerungen (conclusions) sich stützend, sprachen wirklich die Geschwornen (jurés) die Versicherer von ihrer Verantwortlichkeit frei, und erklärten, daß sie die Assecuranz-Prämie auf die Victoria rechtlich erworben hätten.

Unendlich bedauern wir, daß dieser Prozeß eine so unglückliche Wendung für Sie genommen hat; unsererseits haben wir wenigstens den Trost, daß nichts versäumt (omis) wurde, was (de ce qui) ihm einen guten Erfolg zusichern konnte.

Abweichung von der Fahrt, déviation.
Durch die Untüchtigkeit, résultant de l'innavigabilité.
Als eine Seenothwendigkeit, d'une fortune de mer.
Ungültig machen, annuller.

Wenn auch, quand même.
Sich stützen, s'appuyer sur.
Frei sprechen, dégager de.
Daß sie rechtlich erworben hätten, leur être dûment acquise.
Einen guten Erfolg, le succès.

Formulare.

Accreditif.

Die königl. baverische Bank beliebe gegen dieses Accreditif an die Ordre Herren Gebrüder Gebbardt Tausend Gulden südd. Währg. zu bezahlen und mich hiefür zu belasten.

Nürnberg, 7. August 186..

Pr. fl. 1000. S. W.   Julius Krafft.

Anweisung.

Augsburg, 19. Sept. 186..   **Pro Thlr. 40.**

Ende November d. J. belieben die Herren Hammer & Schmidt in Leipzig gegen diese unsere Anweisung an die Verordnung des Herrn J. G. Scheider, Thaler Vierzig zu bezahlen und solche in Rechnung zu bringen laut oder ohne Bericht.

Schiffner & Co.

Promesse.

Ich Unterzeichneter verspreche am 30. Mai d. Js. an Herrn M. Fischer oder an dessen Ordre die Summe von Viertausend Franken, die mir derselbe geliehen hat, zu bezahlen.

Lyon, den 12. Februar 186..

Gut für Fe. 4000.   Henri Fichet.

Prima-Wechsel.

Paris, den 16. Juni 186..   **Pr. Fr. 1000.**

Vierzehn Tage nach Sicht zahlen Sie gegen diesen Prima=
Wechsel an die Ordre des Herrn G. Firmin die Summe
von Tausend Franken. Werth erhalten und stellen ihn
auf Rechnung laut Bericht.

Miraud & Co.

Herrn M. C. Bauer in Frankfurt a. M.

angenommen **M. C. Bauer.**

Im Nothfall bei Herren M. A. v. Rothschild u. Söhne.

Giro: Für mich an die Ordre der Herren Bauer & Stein.
Werth in Rechnung. Darmstadt, 15. December 18...

ppa. G. Firmin

Paul Warnet.

Secunda-Wechsel.

Wien, den 18. März 186..   **Pr. 500 fl. österr. Whg.**

Ultimo April d. J. zahlen Sie gegen diesen Secunda=
Wechsel (Prima nicht) an die Ordre von uns selbst die Summe
von Fünf Hundert Gulden österr. Währg. effectiv.
Werth in uns selbst und bringen sie in Rechnung laut Bericht.

Herrn Ludw. Bayer in Linz.

Hainsdorf & Maar.

Giro: Für uns an die Ordre Herrn Corn. Kimmel.
Werth erhalten. Wien, 23. März 186..

Hainsdorf & Maar.

Prima zur Annahme bei Herrn M. A. Maltiz in Linz.

Sola-Wechsel.

Bamberg, 6. April 18...   **Pr. fl. 200. im 52½ fl. Fuss.**

Gegen diesen meinen Sola-Wechsel zahle ich am 1. Sept.
l. J. an die Ordre des Herrn Carl Wagner die Summe
von Zwei Hundert Gulden im 52½ fl. Fuß: den Werth
baar empfangen und leiste bei Verfall richtige Zahlung nach
Wechselrecht.

Sola auf mich selbst,   **M. Schmidt.**
zahlbar aller Orten.

Telegramm.

Havre, 30. X. 5 Uhr N.   Herrn G. Bäumler in Bamberg.

Neptun angek. von N. York vom 17.; 40 Ballen
Baumwolle p. Ihr Conto: 30 naß, 10 gute verkauft zu ...;
Farbholz schön, Cours schlecht; N. York Geld rar; bis 17.
an 92 Fallimente; Baumw. nicht zu haben, Tabak Virginia
zu ...; Lincoln zwei Zwangsanlehen proponirt. — Heute
Rückantwort über unsern Zucker.

L. Toussaint.

Télégramme (ou Dépêche télégraphique).

Paris 21. Mars. 4 heures.   *Monsieur Rothschild — Francfort.*

Baisse rapide; crédit mobilier 331; crédit foncier
sans demande; 3 p. cent 66; 5 p. cent 91; Anglais les fonds
3 sh. hausse; Russe 91½; Hollande 63⅜; Nord (chemin
de fer 197¼; Esp. nul; Allemands sans confiance. —
Achetez p. notre compte 400 Badois. 170 Bavarois; c'est
à dire, actions.

Conto-Corrent.

Herrn van der Smissen & Cie. in Amsterdam.

Debet.			£	s	d
1862.					
Januar	31.	An Zucker p. Latona £	372	1	8
Februar	10.	An Versicherung auf den Hercules	33	2	6
März	10.	An Kaffee p. Mercurius	403	"	"
Mai	5.	An reinem Ertrag des Cacaos, p. Nautilus . .	273	"	"
August	10.	An Versicherung auf. Benus	53	1	2
Septbr.	5.	An Rob-Zucker p. König von Holland . .	852	"	"
October	6.	An dito p. Adler	785	"	"
Decemb.	31.	An Zinsensaldo laut beifolgender Berechnung .	10	7	3
		An Briefporto . . .	4	6	8
		£	2785	19	3
1862.					
Decemb.	31.	An Saldo . . .	8	9	6

Credit.			£	s	d
1862.					
Januar	31.	Per meine Tratten . . £	300	"	"
März	10.	per dito	450	"	"
Juni	5.	per Netto-Ertrag des Weizens per Wilhelmina .	793	1	7
August	10.	per meine Tratten .	272	2	6
Septbr.	5.	per Baarzahlung an Herrn James Green . .	112	5	8
October	6.	per meine Tratten .	850	"	"
Decemb.	31.	per Saldo auf neue Rechnung.	8	9	6
		£	2785	19	3

Irrtum vorbehalten.

London, den 31. Dezember 1862.

Compte courant.

M. M. van der Smissen & Cie. d'Amsterdam.

Doivent.			£		
1862.					
Janvier	31.	Sucre par la Latone . . £	372	1	8
Février	10.	Assurance sur l'Hercule .	33	2	6
Mars	10.	Café par le Mercure . .	403	*	*
Mai	5.	Net produit du cacao par le Nautilus	273	*	*
Août	10.	Assurance sur la Vénus .	53	1	2
Septbre.	5.	Sucre brut par le Roi de Hollande . . .	852	*	*
Octobre	6.	Dito par l'Aigle . . .	785	*	*
Décemb.	31.	Balance d'intérêts comme par le compte ci-joint .	10	7	3
		Port de lettres . . .	4	6	8
		£	2785	19	3
1862.					
Décemb.	31.	Balance	8	9	6

Avoir.			£		
1862.					
Janvier	31.	Mes traites . . .	300	*	*
Mars	10.	Dito, dito . . .	450	*	*
Juin	5.	Net produit du froment par la Wilhelmina . .	793	1	7
Août	10.	Mes traites . . .	272	2	6
Septbre.	5.	Payé comptant à M. J. Green	112	5	8
Octobre	6.	Mes traites . . .	850	*	*
Décemb.	31.	Balance portée à compte nouveau . . .	8	9	6
		£	2785	19	3

Sauf erreurs et ommission.

Londres, 31. December 1862.

Recueil de termes de commerce qui manquent dans les lettres.

Accaparer le commerce de grains, ben Kornhandel an sich ziehen.

achalandé, mit Kunden verſehen.

acquit à caution, Erlaubnißſchein.

— de sortie. Ausgangsſchein.

actes sous seing privé, Documente mit Privat-Unterſchrift.

affaire à découvert. Differenzialgeſchäft.

— à prime, Prämiengeſchäft.

affecter tous ses biens. ſein Hab und Gut verpfänden.

agiotage, Börſenſpiel.

aliéner, veräuſſern.

une allonge, eine Allonge (bei einem Wechſel).

ampliation, Duplicat, ober quittance en double.

annuité. Annuität (Anlehen auf jährlichen Abtrag).

apprécier une marchandise, eine Waare ſchätzen.

apprenti, ein Lehrling.

arbitrage de change. Wechſelarbitrage.

arrière, Rückſtand an Capital ober Zinſen.

s'arriérer, m. b. Zahlung zurückbleiben.

l'assigné, ber Aſſignat.

assigner sur quelqu'un, auf Jemanben abgeben.

un associé-gérant, Diſponent.

assurance fluviale. Flußverſicherung; a. illegale ; - contre l'incendie etc.

- sur contrat à la grosse, auf einen Bodmereibrief; - sur corps et dépendance, auf bas Schiff und was ihm angehört; — supplementaire; — anonyme; — sur la vie des hommes.

assurer en plein, zum Vollen aſſecuriren.

la réassurance, die Rückverſicherung.

un aval, eine Wechſelbürgſchaft.

le donneur d'aval, Wechſelbürge.

Bank-note, Banknote.

la balance du commerce, Handelsbilanz.

fête de la banque, geſchloſſene Bank (engl.).

bâteau de charge, Laſtſchiff; bâteau à vapeur (steamer). Dampfſchiff; bâteau (vaisseau) à hélice. Schraubenſchiff.

un billet de place, ein Platzwechſel.

billet véreux, unſicherer Wechſel.

tirer en blanc, in Blancoziehen.

un bocal de fruits confits, ein Glas eingemachte Früchte.

un bon sur la banque. eine Bankanweiſung.

bon-poids. Gutgewicht.

des bons d'Echiquier, Schatzkammerſcheine.

des bons du trésor, Treſorſcheine.

un bordereau d'escompte, eine Disconto-Note.

brocanteur, Bilberhändler.

le brouillon, die Strazze, Klabbe.

le brouillard, erster Entwurf des Journals.

bureau de renseignements, Intelligenzbüreau.

———

Caisse d'amortissement, Schulden-Tilgungs-Caffa.

un cabas de figues, ein Korb Feigen.

l'effectif de la caisse, der Caffabestand.

remonter sa caisse, seine Caffe wieder füllen.

capital d'exploitation oder capital roulant, Betriebscapital.

capitaux oisifs, müßige Capitalien.

mobiliser un capital, ein Capital in Umsatz bringen.

le carnet d'échéances, das Wechselverfall-Buch.

un changeur, ein Geldwechsler.

une caque de harengs, ein Fäßchen Heringe.

commerce interlope, Schleichhandel.

— intermédiaire, Zwischenhandel.

— de transport, Transitohandel.

— d'outre mer, überseeischer Handel.

— en amont, der stromaufwärts betriebene Handel.

— en aval, der stromabwärts betriebene Handel.

commis du dehors, Lagerbiener.

commissionaire de roulage, Spebiteur.

en sus de la commission, außer seiner Provision.

la composition, der Vergleich mit den Gläubigern.

un compte débattu, eine angefochtene Rechnung.

un compte borgne, eine verworrene Rechnung.

un compte d'usurier, Wucherrechnung.

coupon détaché, ein abgeschnittener Coupon.

les consolidés, Consols auf Abrechnung. (Garantirte Staatspapiere).

le constituant, der Vollmachtgeber.

la conversion des 5 en 3 pour cent, die Arrosirung der 5 in 3procentige Papiere.

le copie (nicht la) de lettres, das Briefcopierbuch.

le créancier engagiste, der Pfandinhaber.

le créditeur, der Gläubiger (der eigentlich noch kein Forderungsrecht hat.)

la crise monétaire, die Geldkrisis.

———

Déduire le don, das Gutgewicht abziehen.

défaire une balle, einen Ballen aufmachen.

défricher une affaire, ein Geschäft ordnen.

dégréver les droits, die Zölle herabsetzen.

la demeure, der Rückstand einer Rechnung.

dénoncer un capital, ein Capital auffünbigen.

déposer un compte, eine Rechnung auseinander setzen.

délester un navire, den Ballast ausladen.

détourner un ordre, einen Auftrag widerrufen.

la détresse du commerce, Handels-
noth.

amortir une dette, eine Schuld
tilgen.

la dette flottante, die schwebende
Schuld.

la dette remboursable, ablösbare
Schuld.

une dette surannée, eine verjährte
Schuld.

une dette dépérissée, eine veraltete
Schuld.

une dette imprescriptible, eine un-
verjährte Schuld.

la disette d'argent, Geldmangel.

la dispache, Havarierechnung.

divertir les fonds, Gelder unter-
schlagen.

docks de commerce, Handelsdocken.

— pour les petites embarcations,
für kleine Fahrzeuge.

— pour les importations, für die
Importe.

tarif des droits de docks, der Docken-
gebühr-Tarif.

donner livraison, abliefern.

expédier en douane, beim Zoll
klariren.

frauder la douane, den Zoll betrügen.

la perception des droits, die Zoll-
erhebung.

le droit du change, das Wechselrecht.

abroger les droits, den Zoll ab-
schaffen.

la quotation des droits, Zollansätze.

imunité des droits, Befreiung vom
Zoll.

perdre le droit de recours, seine
Ansprüche verlieren.

se porter ducroire, Delcredere stehen.

Echange de productions, Waaren-
austausch der Produkte.

l'échelle des droits, die Steuer-
Scala.

écouler son papier, sein Papier gut
verwerthen.

effet d'escompte, Discontowechsel.

— faussé, überfälliger Wechsel.

— fictif, Kellerwechsel.

— périmé, überfälliger Wechsel.

— préjudicié, präjudicirter Wechsel.

éliter une marchandise, die beste
Waare aussuchen.

émission restreinte, eine beschränkte
Emittirung der Actien.

emmagasiner, auf's Lager bringen.

emménagement, die innere Einrich-
tung eines Schiffes.

le double emploi, die doppelte Auf-
führung eines Buchpostens.

le crédit l'emporte sur le débet,
das Credit beträgt mehr als das
Debet.

emprunt à fond perdu, eine Anleihe auf schwimmende Fonds.

adjuger un emprunt, eine Anleihe
zusprechen.

l'endossé, der Indossat.

entrepositaire, der Waaren auf's Lager bringt.

faire l'escompte, discontiren.

escompteur, Discontent.

le droit d'étape, das Stapelrecht.

exhiber ses livres, seine Bücher
gerichtlich vorlegen.

exiguité du stock, Geringheit des
Vorrathes.

existence d'une marchandise, Vorrath.

exploit d'assignation, gerichtliche
Vorladung.

exploiter un crédit, einen Credit
benützen.

extinction d'une rente, Ablösung
einer Rente.

———

Factorage, Commission des Factors.

forcer à la faillite, Jemanden zum
Concurs treiben.

un failli réhabilité, ein geordnetes
Fallit.

une faillite non réhabilitée, ein nicht
geordnetes Falliment.

faire les drogues, in Droguen ar=
beiten.

faire les vins, Weingeschäfte machen.

un faiseur dans les fonds, einer
der in Staatspapieren macht.

jouer dans les fonds, in öffentlichen
Fonds speculiren.

des fonds de dépôt, Depositeposten.

des fonds collectifs, Vereinecapital.

à fonds perdus, auf Leibrenten.

force argent, viel Geld.

frais d'expertises, Berichtigungskosten.

biffer les frais, die Kosten streichen.

débattre les frais, die Unkosten be=
streiten.

franc de frais, spesenfrei.

porter les frais en ligne de compte,
Spesen mit in Anschlag bringen.

franc de casse, frei von Bruch.

franc de jet, Seewurf.

franchise de douane, Zollfreiheit

le fret antérieur, die frühere Fracht.

faux fret, Faulfracht.

frétement, Verfrachtung.

fréteur, ein Schifferheber, Schiffsver=
miether rc.

le placement du fret, die Verwen=
dung der Frachtgelder.

un double fût, ein Ueberfaß.

———

Gain de cause, Gewinn des Pro=
cesses.

garde-boutique, Ladenhüter (von
Waaren).

un garde-magasin, ein Magazin=
Aufseher.

la gare ou le débarcadère, der
Bahnhof.

une gonne de goudron, de poix,
eine Tonne Theer, Pech.

le goureur, der Waarenverfälscher
(bei den Droguisten).

les grains ont été mis à l'index,
das Getreid ist zur Einfuhr verbo=
ten worden.

———

Imputer sur la créance, an der
Schuld abziehen.

index du grand-livre, Hauptbuch=
Register.

inscription hypothécaire, hypothe=
karische Einschreibung.

prendre inscription sur les immeu=
bles, auf unbewegliche Güter Ein=
schreibung nehmen.

inscrire les titres dans la masse,
seine Forderung bei der Fallitmasse
einschreiben lassen.

inscrit au bulletin inclus, auf in=
liegendem Blatt angegeben.

insinuer une dotation, eine Schen=
kung gerichtlich eintragen.

des intégrales, Integrale.

interdiction de commerce, Han=
belsverbote.

international (commerce), internationaler Handel.

intervenant, Intervenient (der Zahlende bei einem Wechsel).

invalidité d'un contract, Ungültigkeit eines Contracts.

———

Lester un navire, ein Schiff ballasten.

courir sur son lest, mit Ballast segeln.

prendre du lest, Ballast einnehmen.

une liasse de papiers, ein Pack Schriften.

de larges limites, ein hohes Limitum.

des limites suffisantes, hinreichendes Limitum.

des limites accessibles, erreichbares Limitum.

réussir à une limite, ein Limitum erreichen.

lever les limites, das Limitum aufheben.

le lombard, das Leihhaus.

un lot de choix, eine ausgesuchte Partie.

un lot en magasin, eine Partie auf dem Lager.

le lotissement, die Verloosung.

———

Marchandise d'épaves, Strandgut; – en course de transit, in Transito begriffene Waaren; – d'élite, auserlesene Waare; – de conserve, de garde, haltbare; – défectueuse, fehlerhafte; – contrefaite, nachgemachte; – falsifiée, verfälschte; – de revente, Tröblerwaare; – à dépérissement, verderbliche Waare; – à la discale, oder à discaler, dem Einschrumpfen ausgesetzte Waare.

un marron, ein Winkelmäkler.

un mécompte, ein Rechnungsfehler.

se mécompter de trois écus, sich um 3 Thaler verrechnen.

menus frais, Nebenkosten.

un mercier, ein Kurzwaarenhändler.

mettre une affaire en compromis, eine Sache durch Schiedsgericht entscheiden lassen.

une mévente, ein schlechter Verkauf.

la mise et la recette, die Ausgabe und Einnahme.

monnaie fictive, fingirte Münze.

———

Notifier le protêt, den Protest zuschicken.

se nantir par le connaissement, sich durch den Verladungsschein decken.

un navire à morte charge, ein unbeladenes Schiff.

un navire en partence, ein segelfertiges Schiff.

faire négoce de tout, mit Allem handeln.

———

Passavant, Durchgangsschein, Begleitschein.

ajourner le paiement, die Zahlung verschieben.

le participant, der Theilnehmer; de la cargaison.

payable à jour préfix, auf einen bestimmten Tag zahlbar.

pays de provenance, Erzeugungsort.

le pilotage, das Lootsgeld.

les planches d'arrimage, die Stauhölzer.

le pointage des livres, das Punktiren der Bücher.

pointer un compte, jeden einzelnen Posten im Journal anstreichen.

arrêter une police, eine Police schließen.

le portage, Trägerlohn.

le porteur d'ordre, der Indossat.

la prime d'assurance, die Assecuranz-Prämie.

la remise de prime, die Rückprämie.

un prix de mévente, ein Schleuderpreis.

valoir son prix, preiswürdig sein.

la vilté des prix, der niedrige Preisstand.

prix régulateur, ein Preis, der als Norm dient.

un prix de revient, Einkaufspreis.

le prix à venir, der zukünftige Preis.

la prohibition du commerce, das Handels-Verbot.

prélever la provision, die Provision zum Voraus wegnehmen.

Redresser un compte, eine Rechnung ordnen, abändern.

le réceptionaire (destinataire), der Empfänger der Ladung.

le réclamateur de la cargaison, der Empfänger der Ladung.

la reddition de compte, die Rechnungsablegung.

réfaction, Nachlaß bei einer mangelhaften Waare. Auch: Rückerstattung des Zolles wegen eines Rechnungsfehlers.

reformer un commis, einen Commis abbanken.

le reliquat du compte, der Rückstand der Rechnung.

reliquataire, Restant, Schuldner.

rendu au quai, auf der Werfte geliefert.

asseoir (placer) une rente, eine Rente anlegen.

une rente perpetuelle, eine unkündbare Schuld.

répit de paiement, Zahlungsfrist.

le report du comptant, das Differential-Geschäft.

la reprise dans le cours, der Aufschwung in den Cursen.

le résidu ou le restant, der Rückstand einer Rechnung.

restorner un article, einen unrichtig eingetragenen Posten abschreiben.

le résumé d'un compte, der summarische Inhalt einer Rechnung.

le retardataire, der säumige Schuldner.

la revendication, die Zurückforderung einer Waare, wenn die Factura sich noch nicht in den Händen des Bestellers befindet.

renverser la cargaison, Güter von einem Schiffe in's andere überladen.

le revirement de change, die Wechselreiterei.

la revue de la semaine, die wöchentliche Uebersicht.

rayer le crédit, den Credit aufheben.

le riscontre, das Scontro, Riscontro.

Salme (le), ein Gewicht von 25 Pfd.; in Neapel: Oel; in Sicilien: Wein.

le sauvetage de marchandises naufragées, Bergung gestrandeter Waare.

sommé de payer, zu zahlen aufgefordert.

sous-bande, unter Kreuzband.

un stellionat, eine Betrügerei.

un stellionataire, ein Betrüger.

les subséquents endosseurs, die nachfolgenden Giranten.

subvenir aux frais, die Kosten bestreiten.

la subvention, die Geldhülfe.

la supposition de faux créanciers, die Unterschiebung falscher Gläubiger.

un surcroît d'appointement, Zulage zum Gehalt.

le surplus d'un compte, der Ueberschuß einer Rechnung.

———

Temporiser la vente, den Verkauf hinhalten.

le tarif de recouvrement, Banktarif, Wechselbedingnisse.

le teneur de livres, der Buchhalter.

la tenue des prix, die feste Haltung der Preise.

un terme réculé, ein entfernter Termin.

le tirailleur, der Wechselreiter.

le tiraillement, die Wechselreiterei.

tirer par anticipation, zum Voraus ziehen.

titre périmé, verfallene Urkunde

titre de créances, Schuldsorderungs-Documente.

le tonnage, das Tonnengeld.

un train ou un convoi, ein Bahnzug.

un expresse, ein Expreß (Schnellzug).

un train à marchandises, ein Güterzug.

la traite des noires ou des nègres, der Sclavenhandel.

la traite des blés, der Kornhandel.

le transfert, die Uebertragung einer Rente ꝛc., f. v. als Cession.

transiger, einen Vergleich treffen, sich abfinden.

———

Valeur fixe et variable, die feste oder veränderliche Valuta.

valeurs métalliques, Metalliques.

disette de valeurs, Mangel an Valuten.

valeurs sur le dehors, sur le dedans, Geldsummen auf das In- und Ausland.

valeurs de change, Wechselvaluta.

types des valeurs, feste Norm der Valuten.

la validité, die Gültigkeit.

vendre hors main, aus freier Hand verkaufen.

vendre avec faculté de rachat, auf Reukauf verkaufen.

vente pour liquidation, Ausverkauf.

hors de vente, unverkäuflich.

consentir la vente, den Verkauf billigen.

visiteur de douane, Zollvisitator.

virements de banque, Wechselumsätze.

la voiture est prise dans le marché, die Fracht ist in den Kauf einbegungen.

voie ferrée, Eisenbahn (auch: chemin de fer.)

un voyageur sur commission, ein Provisions-Reisender.

vuidanges, leere Wein- oder Brantwein-Fässer.

vuide des futailles, Manco in den Fässern.

———